成功班主任案头必备

班主任主题班会精选

袁晓葵 郑国霞 编

航空工业出版社

北 京

内 容 提 要

主题班会是班主任与让学生交流沟通，针对学生在思想、学习、生活等方面出现的问题给予指导的有效形式。本书共分为9个部分，分别从学生学会学习、团结合作、公民道德、明礼诚信、增强自信、责任意识、理解尊重、学会感恩和放飞理想等方面进行了全面、细致的阐述，每部分分为几个场景故事，每个场景故事并配有反思实录。

本书适合中小学班主任阅读，也可作为教师培训教材及图书馆收藏。

图书在版编目（CIP）数据

班主任主题班会精选/袁晓葵，郑国霞编.—北京：航空工业出版社，2017.10（2022.3 重印）
ISBN 978-7-5165-1334-7

Ⅰ.①班… Ⅱ.①袁… ②郑… Ⅲ.①中小学—班主任工作 ②班会—中小学 Ⅳ.①G635.16 ②G635.5

中国版本图书馆CIP数据核字(2017)第233318号

班主任主题班会精选
Banzhuren Zhuti Banhui Jingxuan

航空工业出版社出版发行
（北京市朝阳区京顺路5号曙光大厦C座四层　100028）
发行部电话：010-85672663　010-85672683

永清县晔盛亚胶印有限公司印刷　全国各地新华书店经营
2017年10月第1版　2022年3月第2次印刷
开本：710×1000　1/16　印张：14　字数：160千字
印数：5001—11000　定价：28.00元

前　言

教师是塑造人类灵魂的工程师，而班主任则是战斗在这一阵地最前沿的战士，是一班之魂。据统计，全国有中小学生2亿多人，有中小学教师近1000万人，其中班主任大约有500万人。他们承担着独特而艰巨的任务，活跃于教育前沿阵地。

教育是艺术，但它首先需要科学的审视，需要我们以理性、客观、严谨的态度，去了解可以做什么，不可以做什么，怎样做才能避免工作过程中的失误，怎样做才能达到预期的结果。这样，才能避免出现因悟性不同而产生巨大差异的情况，才能使班主任在工作中尽快找到方向，从而确保基本的教育质量，不使学生为班主任工作的盲目性与随意性"埋单"。

不管是课改前还是课改后，管好一个班级，犹如搞好一个系统工程，班主任从任职那天起就要有十分强烈的"质量"意识，要真正在培养学生高尚情操、塑造学生美好心灵上下功夫。班主任只有树立起全新的教育观、质量观、人才观，才能培养出适应21世纪竞争形势的创新人才。因此，班主任不仅应该具有崇高的职业道德、无私的敬业精神、渊博的专业知识和科学的教育理论，以及现代教育观念和开拓创新精神，而且还需要不断提高自身的素质修养与专业工作技能，科学而艺术地教育孩子。

《成功班主任案头必备》丛书对班主任的角色、任务、操作系统进行了界定：班主任是全面关心学生发展的人，是学生的精神关怀者，是学生生命中的“重要他人”。因此，班主任应学会精神关怀，学会班级建设，应在具有发展性的班级教育系统中，促进学生的全面发展。

这是一套集思广益的书，分别从班主任的师德修养、心育艺术、语言艺术、新型工作方法、精选教育案例等方面进行了大量翔实、具体、生动的描述，并有针对性地进行了分析提炼，对班主任提高自身的素质和工作技能具有较大的借鉴价值和实用价值，具有一定的指导作用和启发意义。

希望本丛书的出版，能为广大班主任提升自身素质和专业技能提供一定的帮助，推动我国班主任工作事业向着新的高度迈进。

编　者

目录

Contents

辛莱说："如果上帝一手拿真理，一手拿着寻找真理的能力，任凭选择一个的话，我宁愿要寻找真理的能力。"这句话道出了学生只学习现成的知识是不够的。21 世纪的文盲，不是不识字的人，而是不会学习的人。知识给人力量，而方法使人聪明。好方法能使学习达到事半功倍的效果。学会怎样有效的学习，具有学会学习的能力才是最重要的。

团结合作不仅可以增强同学之间彼此的了解、感情的沟通，而且还可以增强班级的凝聚力，团结一心，共同创造美好的学习环境，和谐的学习氛围。"一朵鲜花打扮不出美丽的春天。"只有同学们团结起来，才能共同创造美丽、和谐的春天。

第八编　学会感恩

教师对学生倾注全部热情，犹如春雨滋润学生的心田，这就是教师甘为人梯、蜡烛，无私奉献的精神所在。然而教师培养的是四化建设的接班人，在教师传授知识，把自己的爱无私地奉献给学生的同时，还应该让学生懂得回报，学会感恩，用学得的知识，回报社会，服务他人。

第九编　放飞理想

理想是指路明灯。没有理想，就没有坚定的方向；没有方向，就没有生活。理想是我们国家和民族的重要精神支柱。一个人、一个民族如果目光短浅，没有远大的理想是不可能真正有所作为的。因此，对学生进行理想前途的教育应该是长期的。

第一编

学会学习

辛莱说："如果上帝一手拿真理，一手拿着寻找真理的能力，任凭选择一个的话，我宁愿要寻找真理的能力。"这句话道出了学生只学习现成的知识是不够的。21 世纪的文盲，不是不识字的人，而是不会学习的人。知识给人力量，而方法使人聪明。好方法能使学习达到事半功倍的效果。学会怎样有效的学习，具有学会学习的能力才是最重要的。

读书有三到，谓心到，眼到，口到。心不在此，则眼看不仔细，心眼既不专一，却只漫浪诵读，决不能记，久也不能久也。三到之中，心到最急，心既到矣，眼口岂不到乎？

——朱熹

让学习可持续发展

初中与高中在教学要求上的差异，导致高一学生入学不久，部分学生不适应高中的学习，表现为：学生跟不上教学进度，没有良好的学习习惯，在困难面前退缩或不知所措。

根据以上情况，班主任适应新的形势，及时召开介绍学习方法的班会，希望通过此次班会的组织准备和实施，学生认清自己的位置和责任，树立信心，对自己的高中生活做出计划，订立切实可行的阶段性目标，并了解科学的学习方法，尽快适应学习，为今后的成才打下坚实的基础。

班会过程

一、班会程序

1. 主持人宣布开始。
2. 论文发布。
3. 集体讨论——树立的目标及方法。
4. 班主任总结。

二、班会纪实

主持人男：我们已经进入了高中，对自己无论是在生活上还是学习上都应该提出更高的要求。经过高中三年的学习，我们想要成为什么样的学生，毕业时又要以什么样的成绩向祖国汇报呢？高尔基说："一个人追求的目标越高，他的才能就发展得越快，对社会就越有益。"所以，从现在开始，我们就应该树立较高的目标。

主持人女：有远大的目标，但是却不脚踏实地地学习，目标是无法实现的。为了更好更快地达到我们的目标，运用科学的学习方法十分重要。下面就请 A 同学说说他的学习方法。

高中学习应该注意的几个方面(A 同学发言节选)

第一，系统掌握一套记忆技巧。高中课程和初中阶段有一个重大区别，就是记忆量的成倍增加。如果不掌握一套科学的记忆方法，一定会学得既吃力，效果又差。按科学的记忆原则学习，可以避免遗忘率增加。遇到大量的重复文字，就采用浓缩法去记,免得占用宝贵的记忆空间。遇到长段子要记,就先分析各部分的不同特征,免得越记越糊涂。本来每个人的时间就是一个恒量,用掉一个小时,就少了一个小时。可是记忆方法变科学了,一分钟的时间可以起到两分钟的作用。这不仅有利于学好功课,而且还能腾出时间来,在更需要的方面发展自己。所以,掌握记忆方法,可以看作是一项有战略意义的措施。

第二,提纲挈领地学习。如看一本书,第一步看目录,抓住全书的大结构;第二步看小标题和黑体字,弄懂每一部分的要点。这两步加到一起,总共不会超过三四页纸,即使是一个记忆力很差的人,也能很轻松地看懂记牢。最后再进入第一章的细节部分,深入理解每一章节的内容。这样,只用很短的时间,不仅能清楚地理解并记忆全书所有的重要内容,而且应考还能考出高分。

为什么提纲挈领地学习,就能有更好的效果呢?因为这里应用了一个可以称之为"抽屉原理"的学习原则。打个比方说,如果把全家所有的东西都堆在客厅的地板上,这间屋子一定会乱得很可怕。要想在这个"大垃圾箱"里找到需要的东西,肯定会很困难。可是,如果把所有的东西分门别类,该进大立柜的进大立柜,该上书架的放上书架,各司其责,再去找东西,还会困难吗?

提纲挈领,就是先记住装知识的那些立柜、书架的位置,再往里装各章各节不同的内容。所以,它能极大地提高学习效率。它除了对英语课这样需要牢记每一个字母的课程不适用之外,对理解成分占的比重越大的课程越适用。

第三，注意补漏。即使是好学生，学任何科目，也都免不了会有漏洞。如果打开课本，像海底捞针一样地找漏洞、补漏洞，效率一定很低。因为，大量的时间是浪费在查找的环节上，而漏洞的特点是分散和少量的，不适合用大规模查找的方法。因此，应准备一个错漏本，任何时候不管哪门功课，一发现错漏就往上记。“好记性不如烂笔头。”记下来以后，就等于把一百只水桶上的漏洞，都集中到一个筛子上去了，什么时候有空，就什么时候解决。一个“错漏本”把分散存在的学习漏洞，变成了“集中看管”，给解决漏洞带来很大的方便。

主持人男：B 同学对英语学习很有独到见解，请 B 同学发言。

英语学习心得体会（学生 B 发言节选）

英语是大家十分重视的一门学科。在高中打下一个好的英语基础是我们的共同心愿。怎样才能学好英语呢？“要埋头拉车，更要抬头看路。”学习英语应注意以下四个方面：

1. 心理素质影响学习效果

“两军相遇勇者胜”，强调的就是良好的心理素质对结果产生的重大影响，这与现代心理学的看法不谋而合。尽管大家都在同一间教室里上课，受同一位老师教诲，甚至智力水平也接近，但是你会发现，同学们学习的效果却很悬殊。这是为什么呢？其实这个“落差”往往是心理素质的差异造成的。怎样调整自己的心理状态呢？

首先，要对外语保持长时间稳定而积极的态度。这可以归结为“恒心”两个字。有了它，才能像蚕吃桑叶一样，一口又一口坚持不懈地去啃,直到预定目标顺利实现。

其次,还需要一定的自律能力。该复习时不复习,遗忘规律就会无情地吞噬着你的一部分记忆成果;该补漏时不补漏,漏洞就会越来越大。所以,要有自律能力,约束自己按科学原则去运转。

2. 看写读听背,多管齐下效率高

一般来说,大家学英语都有各自的一套方法:有的只爱大声读个不停,有的只爱闷头看个不停,有的不写就记不住,有的不听心里就没底。这些方法,虽然都有一定的作用,但记忆科学通过大量实验,无可辩驳地证明:眼手口舌脑的综合运用,才能更快更深地在大脑皮层上留下不易磨灭的印象。

学外语,尤其需要多种感官的综合运用。否则,搞不好就学成"残疾外语":眼能看口不能说的"哑巴外语",或一听就发慌的"聋子外语"。

3. "活"单词与"死"单词

经常听说某某许下宏愿:要一口气背下一本几千甚至几万词的字典,认为这样可以一劳永逸地解决单词问题。不幸的是,这样做的人,大部分都失败了。背了若干遍的单词,仍很难在脑子里生根,不是很快忘掉,就是搅成一团乱麻。因为他们背的都是脱离了句子和课文的"死"单词。大脑对这类东西难以留下印象。

心理学家艾宾浩斯曾拿自己做过对比实验。结果:记住 18 个有意义的音节,只需要 9 遍,而记住 18 个无意义的音节,却用掉了 80 遍。不仅如此,孤立地背"死"单词,还难以掌握它在句子中的活用法。因此，即使记住了一部分“死”单词，它们也多属“残疾人士”罢了。如何使单词“起死回生”呢？我的办法是——背课文。

课文不局限于教科书，也可以是讲演稿、新闻评论、散文等等。总之，就是能把一个个冰冷的单词变成生机勃勃的故事的文章。在大量整段的背诵中，多次的重复不断激活记忆中的单词，其用法自然而然地深入骨髓了。实际上，这种“深入骨髓”就形成了学语言最重要的“语感”了！

4. 复习间隔合理，可以省时高效

英语是一门记忆量很大的学科，有效的记忆就成了一个关键。

著名科学家茅以升先生是一个记忆力超群的人。人们问到他的记忆秘诀，他的回答是：重复！重复！再重复！

重复被人们称之为学习之母。不重复，记住的知识就会在遗忘率的支配下，不多久就只剩下一点儿“残羹剩饭”。心理学家发现：两次复习的时间间隔至少应大于 30 分钟，但又不应小于 16 小时。因此，在已经记清了一批单词的情况下，如果在 30 分钟内就开始复习，不仅不能提高记忆效果，反而会对大脑巩固原有记忆内容的生理过程产生干扰，弊大于利；而在 16 小时以后复习，被遗忘的单词就比较多，记住这些单词就需要费更多的精力。

主持人女：以上介绍的是学习方法。另外，良好的道德情操、乐观幽默的品性、面对并克服困难的勇气、自我鼓励、持之以恒的韧性、关心他人的善良、善于与人相处和把握自己和他人情感的能力,即所谓的“情商”,是人的情感和社会技能,是智力因素以外的一切内容。情商高可以使智力平平的学生取得好成绩,情商低也可以使智力超常的学生变得平庸。因此,我们也应该通过班集体生活注意培养我们自己的情感智力。下面请C同学发言。

在为班集体服务的过程中培养社会技能(学生C发言节选)

与人相处的能力对日后的成功和生活质量关系最为重大。要想在社会中如鱼得水,必须学会了解、熟悉社会环境,并对之做出适当的反应。这方面可以在集体生活中学习。在为班集体服务的过程中可以培养友爱、协作、大方、守纪、开朗、公道、礼貌、自尊、集体观念、竞争意识、责任心、组织能力、服从精神、领袖能力、牺牲精神等等。因此我们不能把做班委与学习对立起来。

主持人男:非常感谢刚才几位同学的精彩发言。下面我们集体讨论一下我们应树立什么样的目标及学习的方法。

1. 学习目标:树立信心,勤奋刻苦,根据自己的实际情况设计总目标和阶段性目标,一步一个脚印努力提高成绩。

2. 德育目标:做一个有责任感,爱家庭,爱集体,爱祖国,诚实守信,坚定勇敢,积极进取,不怕挫折的人。

3. 社会交往目标:遵从人际交往的基本原则,在为班集体服务的过程中自觉培养能力。

主持人女:下面请咱们的班主任讲话。

班主任:高中阶段是我们培养能力、吸收知识、锻炼意志品质、立志成才的阶段。每一名学生在进入高中后都应尽早确立自己的目标，设计好自己的方案，在生活的每一天中努力实现自己的理想。学校、老师和家长及社会为我们提供了良好的条件，我们应珍惜时间，努力学习，不辜负祖国的希望，争取三年后以优异的成绩高中毕业，考取一个好的大学。

班会反思

现在的学生生活阅历较少，生活能力、与人交往的能力很差，表现为对学习的目的、方法、重要性认识得不深刻。因此，部分学生学习没有紧迫感，也没有好的方法，只有让他们自己有了学习的需要，对学习方法的指导、对德育目标的要求才会有效果。

曾在一本杂志上看到，美国的小学生在老师的指导下撰写论文。这样做促使学生去图书馆查资料，向父母或有关人员调查提问，从而提高了学生自主寻求问题的答案的能力。虽然学生的论文很幼稚，但是通过这样的作业，学生学会了研究问题的方法，提高了社会交往能力，而且对学到的东西认识深刻。我认为，在学校的德育工作中，也可以借鉴以上方式，使学生达到自我教育的目的。这比空泛的要求要易于接受，这可以使学生不断地整理和分析自己的思路，学习的目标和方法在心目中不断地明晰，学校的教育目的内化为学生自己的行为模式。整个班会的准备和学习过程，也是对学生各种能力进行培养的一个很好的途径。

加紧学习，抓住中心，宁精勿杂，宁专勿多。
——周恩来

明天会更好

考试结束后，同学的成绩差异很大。有的同学找不到适合自己的学习方法；有的同学平时很认真，很刻苦，可是成绩却不理想；有的同学因为考试成绩好长时间情绪低沉。为解决这个问题，特此召开这个主题班会。

班会过程

一、班会程序

1. 学习方法介绍。

2. 班主任发言。

二、班会纪实

主持人：上学期经过全班同学的努力，我们班取得了非常优异的成绩。但每个同学的情况不相同，有的同学付出了，得到了丰硕的回报；有的同学付出了，却事与愿违，这里就有学习方法的问题。今天针对我们班的情况，我们选取了部分同学作为代表，让他们谈谈自己的学习方法，希望能起到抛砖引玉的作用。下面先请王同学发言，大家欢迎！

自信是成功的基础

王同学：站在讲台前，我很紧张，因为这是我第一次站在讲台前面对全班同学发表演说。

也许同学们觉得这次我考得真的不错，但这并没有达到我的目标，我会继续努力的。我能够取得这次的成绩，努力当然是必不可少，但最主要的因素不是努力、刻苦，而是我自信。因为期中考试我考得不好，但我没有因考得不好而放弃，相反，却比以前更加努力。我也相信，在座的各位同学都有这个能力，都能取得更好的成绩。无论这次你考的多差，只要你不放弃，充满自信，就一定能取得好成绩。也许有人不信，那么我就给大家讲一个故事。

加拿大有一位长跑教练，因在短时间内培养出几位长跑冠军而闻名。他成功的秘密是因为有一个神奇的陪练，这个陪练是一只凶猛的狼。他这样做是有原因的。他训练的是长跑运动员，每天的第一课就是从家里跑过来。有一个队员每天都是最后一个，而他家也不是离得最远；但突然有一天，他比其他人早到了 20 分钟。教练知道他离家的时间,教练粗估了一下,惊奇地发现,这个队员今天的速度几乎可以超过世界纪录。这个队员气喘吁吁地描述着他今天的遭遇:他在离开家不久穿过五公里的野路时遇到了一只狼。那野狼拼命地追他,他拼命地往前跑,那只野狼竟被他给甩下了。

听到这里,也许大家已经明白了:我们中的许多人在生活中大都会犯这样一个致命的错误,总在诅咒我们的敌人,或者是因为自己遇到了敌人而失魂落魄。其实这恰恰错了,我们应该为有一个敌人或者是强大的敌人而庆幸,为自己遇到艰难的境遇而庆幸,因为这正是你脱颖而出的机会。挥去对挫折的担忧和焦虑,努力去发现每一种处境中积极的因素,这就是自信所起的重要作用。

其实,站在这里,我有点愧疚,因为这个位置是为优秀的学生而设,而我,不是优秀的,我经常犯错误,经常挨批评,也许这就是所谓的困境;所以我会努力改正,努力寻找走出困境的道路,我不会放弃,我有自信心搞好学习,也希望和我处境相似的同学也千万不要灰心、不要放弃。

至于学习方法,每个人都有自己量身定做的学习方法,别人的不一定就比你的好,也不一定就适合你,所以你只要相信自己按照你自己的方法,坚持不懈地努力、拼搏,就能获得成功。

主持人:学习中,补充些课外资料也很必要,但要注意“滋补度”,不能盲补,最好不要“营养过剩”。也就是说,我们不能沉浸在大量的题海战术里而忽略了书本的重要性。俗话说,“万变不离其宗”,书本才是最重要的课本。下面请听杨同学的书本之用。

以书本为主,资料为辅

杨同学:我在上学期的学习中坚持了“以书本为主,资料为辅”的学习方法。学习中我们不可盲目地热衷于参考书,忽视了课本的重要性。而应把课本与资料有机结合,在明确重点、突破难点的基础上,加深对基础知识、基本技能的理解和利用,积累解题技巧,掌握各学科的不同思想方法,学会举一反三和融会贯通,还要从一点进行散发性联想。

课下工作对我们的学习也很重要,我们在课后还要对一些重点题目进行反复的再思考,再分析,再理解。要从基础知识的学习进一步到发散思维能力的延伸,然后总结规律,形成自己的知识网络,最后经过长期知识整理,形成自己的学习方法。

主持人:兴趣是人生的第一位老师。有了兴趣就不怕做不成事,但兴趣是慢慢培养的,不可急一时之功。希望下面一位同学的介绍能使您有所收获。

惜时+兴趣

吴同学:我这次能在考试中取得优异的成绩,我很高兴。下面我向大家介绍几点学习方法:

1. 俗话说,“一寸光阴一寸金,寸金难买寸光阴”,其意是说时间的珍贵。对于现在的我们是更应该珍惜学习时间的,即从上课到下课。只要在这段时间里,真正把自己的精力投入学习之中,才会有好的效果。

2. 注重平时的学习。有的同学喜欢临时抱佛脚,虽然这样有一定的作用,但效果不会很大。所以在平日里多看书,多练习，巩固知识，最终会事半功倍，从而取得好成绩，祝同学们在本学期中取得优异的成绩，谢谢！

主持人：著名教练米卢说过：“态度决定一切”。良好的学习态度是成功的一半。诚然，抓紧课堂上45分钟的时间、必要的巩固、合理的安排也举足轻重，下面请周贺同学给我们交流一下他的学习方法。

注意“课堂、课后、时间和态度”学习中的四因素

周同学：1. 课堂45分钟。想要学好各科知识就必须以课堂45分钟为基础，认真对待每堂课，掌握知识要点，打好根基。尤其文科方面，大多都是记忆性的知识，能够在课堂上掌握其基础知识要点，那么课后的巩固也就方便多了。

2. 课后的巩固。俗话说“熟能生巧”，光有了课堂45分钟的基础还是不够的，还需要对其巩固和记忆，这样以后才能对这些知识记忆犹新。这不仅对文科知识很重要，而且对理科知识一样重要。理科知识需要做大量的题来巩固，也就是说我们课后必须做大量的训练。

3. 合理安排学习。比如：巩固理科知识要做大量的习题，但我们不能盲目地去做题。这样一点好处也没有，最后受了罪，却没有收获。因此，做题也要善于选择。要精益求精，做过每道题后能够举一反三，这样才会提高我们的成绩。

4. 要有好的态度。在学习过程中，大多数人可能都存在态度不专一、心浮气躁的情况。比如有时在看一道例题时，怎么也看不懂，放下来去看别的吧，但心怎么也不能平定。这就需要有好的态度。

主持人：我们每天的学习总离不开解数学题，下面就请龚同学为我们介绍一下如何解数学题。

如何解数学题

龚同学：课前，认真做好预习。上课时，对老师讲解的概念、定义、例题要深刻理解。课后，对于数学练习，做题前，首先要回顾课本上的所学的相关内容，做到温故知新。做题时，要认真审题，思考解题方法。做完后，注意总结，即时纠正错误，有不会的及时请教老师。

比如说课后，对于数学基础训练册，做之前，首先要看学习要求，回顾课本上的相关内容，是否完全掌握，做完这项工作后，做下面的习题；做题时，首先要认真审题，思考解题方法，尽量地多想出一些新的方法，以扩展思维，选出最简便的方法；做完后，可归纳这类题目的解题技巧。提高解题速度。做错时及时地纠正，不会的问老师，把每一道习题都弄懂。

主持人："师者，传道授业解惑也。"几千年前的人都知道这么重要的学习方法。我们何不借鉴一下呢？下面请听蔡同学给我们的一些启示——站在老师的肩膀上去摘星辰。

站在老师的肩膀上去摘星辰

蔡同学：今天很荣幸能够站在这里为同学们介绍学习方法，现在我向同学们说说我在学习地理方面的一些体会。

1. 把书上的基本概念、性质之类的东西应牢记于心，脑子里应有这些东西清楚的轮廓。

2. 重在理解。老师在课堂上讲的听明白了，课后就不用时间去死背了，况且也不是死记就记得住。我不赞成死记一些理解性的东西，所以我从不死记。

3. 练习中不会的要去问老师，注意听老师分析做题的思路和方法。

以上是我的个人观点，仅供大家参考，如果同学们有什么好方法，希望与我交流，共同进步！

主持人：高昂的学习劲头令人鼓舞，但良好的复习计划也很重要。平时的复习至关重要，不要总临时抱佛脚，因为“临阵磨枪，光却不快”。下面请听杨同学的考前复习。

考前的复习

杨同学：学习要有一个计划，我这次讲的是在考试前的复习。

首先，你要了解自己的学习的情况，在考试前的四五周内，制订一个适合自己的复习计划而且要安排好自己每天的复习计划。

其次是认真的完成每天的复习任务，尤其对以前不明白的地方。比如数学，复习时，在前两周内，你可以把重点放在课本上，熟悉学习过的知识点、定理、公式，并把课后习题彻底搞懂。后几周内，把自己的笔记拿出来，把老师讲过的习题有重点地看一遍，并把自己以前做错的题看一遍，找出错误的原因，避免再次出错。最后做一做这学期的综合试题。

主持人：我们最头疼的是考试，而我们的学习生活中最频繁的也是考试。俗话说：“考考考，老师的法宝。”那就让我们总结考试，爱上考试吧！

班主任：听了以上几位同学的发言，我感到大家讲得很实在，很切合同学们的实际。希望同学们对照自己的学习实际，找到适合自己的学习方法。这里我针对咱们班的实际情况，在学习上提出以下几点希望：

1. 同学们心中要有明确的奋斗目标。一个人没有目标，人生必定以失败结局；有了目标，人生就变得充满意义，一切事情都会清晰、明朗地摆在你面前。

这里我举个例子，德国法兰克福的钳工汉斯·季默，从小便迷上了音乐，他的心中有一个始终不变的奋斗目标——当音乐大师。尽管买不起昂贵的钢琴，但他能用钢板制作的模拟黑白键盘，练贝多芬的《命运交响曲》时，竟把十指磨出了老茧。后来，他用作曲挣来的稿费买了架“老爷”钢琴，有了钢琴的他如虎添翼，并最后成为好莱坞电影音乐的主创人员。

他作曲时“走火入魔”，时常忘了与恋人的约会，惹得女孩“骂”他是“音乐白痴”、“神经病”。他不论走路或乘地铁，总忘不了在本子上记下即兴的乐句，当作创作新曲的素材。有时他从梦中醒来，打着手电筒写曲子。汉斯·季默在第 67 届奥斯卡颁奖大会上，以闻名于世的《狮子王》荣获最佳音乐奖。而这一天，刚好是他的 37 岁生日。

由上例可以看出，在他成功的背后，除去有付出的艰辛外，更重要的是他心中始终有一个清晰的人生奋斗目标——当音乐大师。

2. 同学们要有锲而不舍的拼搏精神。在成功学中有“蜗牛行为”一词，它是指一个没有计划的行进，没有拼搏的意识，速度慢得惊人。同学们必须明白，进取的力量能把一个弱者塑造为强者，因为进取能够逼迫一个人做自己极力想做的事，并且浑身充满干劲。

不知道同学们是否知道鲮鱼和鲦鱼的习性？鲮鱼喜欢吃鲦鱼，鲦鱼总是躲避鲮鱼。有人曾经用这两种鱼做了一个实验：实验者用玻璃板把一个水池隔成两半，把一条鲮鱼和一条鲦鱼分别放在玻璃隔板的两侧。开始的时候，鲮鱼要吃鲦鱼，飞快地向鲦鱼游去，可一次次都撞在玻璃隔板上，游不过去。过了一会儿工夫，鲮鱼放弃了努力，不再向鲦鱼那边游去。更有趣的是，当实验者将玻璃板抽出来之后，鲮鱼也不再尝试去吃鲦鱼！鲮鱼失去了吃掉鲦鱼的信心，放弃了已经可以达到目的的努力。

其实，作为万物之灵的人，有时也犯鲮鱼那样的错误。记得4分钟跑完1英里的故事吧。自古希腊以来，人们一直试图达到4分钟跑完1英里的目标(6.704m/s)。人们为了达到这个目标，曾让狮子追赶奔跑者，但是也没实现4分钟跑完1英里的目标。于是，许许多多的医生、教练员和运动员断言：要人在4分钟内跑完1英里的路程，那是绝不可能的。因为，我们的骨骼结构不对头，肺活量不够，风的阻力又太大，理由实在很多很多。

然而，有一个人首先开创了4分钟跑完1英里的纪录，证明了许多的医生、教练员和运动员都断言错了。这个人就是罗杰·班尼斯特。更令人惊叹的是，一马当先，引来了万马奔腾。在此之后的一年，又有300名运动员在4分钟内跑完了1英里的路程。

训练技术并没有更大突破，人类的骨骼结构也没有突然改善，数十年前被认为是根本不可能的事情，为什么变成了现实？

是因为有人没有放弃努力，有坚忍不拔的毅力，有顽强拼搏进取的精神。

3. 同学们要掌握正确的思考方法。善于思考能让人避开盲目性。古希腊伟大的思想家柏拉图说："思考的危机决定了一个人一生的危机。"同样思考的失败，也决定了一个人一生的挫败。一个不善于思考难题的人，会遇到许多取舍不定的问题；相反，正确的思考能发生巨大作用，可以决定一个人应该采取什么样的行动。

古希腊的佛里几亚国王葛第士以非常奇妙的方法，在战车的轭上打了一串结。他预言：谁能打开这个结，就可以征服亚洲。一直到公元前334年，还没有一个人能够成功地将麻绳打开。这时，亚历山大率军侵入小亚细亚，他来到葛第士绳结之前，不加考虑，便拔剑砍断了绳结。后来，他果然一举占领了比希腊大50倍的波斯帝国。

又如一个孩子在山里割草，被毒蛇咬伤了脚。孩子疼痛难忍，而医院在远处的小镇上。孩子毫不犹豫地用镰刀割断受伤的脚趾，然后，忍着剧痛艰难地走到了医院。虽然缺少了一个脚趾，但孩子以短暂的疼痛保住了自己的生命。

再如一个下岗工人到一家餐厅应征做钟点工。老板问：在人群密集的餐厅里，如果你发现手上的托盘不稳，即将跌落，该怎么办？许多应征者都答非所问。朋友答道：如果四周都是客人，我就要尽全力把托盘倾向自己。最后，这位下岗工人成功了。

亚历山大果断的剑砍绳结，说明他舍去了传统的思维方式；

小孩子果断地舍弃脚趾,以短痛换取了生命;服务员果断地将即将倾倒的托盘投向自己,才保证了顾客的利益。在某个特定的时刻,你只有敢于舍弃,才有机会获取更长远的利益。即使遭受难以避免的挫折,你也要选择最佳的失败方式。

正确思考往往蕴涵于取舍之间,因为不这样做,就那样做,是由一个人的思考力决定的。不少人看似素质很高,但他们因为难以舍弃眼前的一时嗜好,而忽视了更长远的目标。成功者有时仅仅在于抓住了一两次被别人忽视了的机遇,而机遇能否抓住关键在于你是否能够在人生的道路上进行正确的思考和果敢的取舍。所有计划、目标和成就,都是思考的产物。你的思考能力,是你唯一能完全控制的东西,你可以以智慧,或是以愚蠢的方式运用你的思想,但无论如何运用它,它都会显现出一定的力量。愿同学们不断总结正确的思考方法,为实现自己的远大理想铺平道路。

主持人:“听君一席话,胜读十年书。”听了班主任的发言和同学们的学习方法介绍,我想大家一定受益匪浅吧!正所谓“师夷长技以自强”,让我们弃其糟粕,取其精华,共同向着美好的明天冲刺吧!我相信以我们的热情,我们一定会成功!让我们齐声高唱我们的班歌——《明天会更好》,祝愿我们的明天更美好。

班会反思

在我们的生活中,时时处处都在讲究方法。学习是手脑并用,身心共济的复杂的活动当然更要讲究方法。法国生理学家贝尔纳曾经说过“良好的方法能使我们更好地发挥运用天赋的才能,而拙劣的方法则可能阻碍才能的发挥。”古人也说过这样的话:“得其法者事半功倍,不得其法者事倍功半。”大科学家爱因斯坦还有一个著名的公式,叫做:w(成功) = x(刻苦努力) + y(方法正确) + z(不说空话)。联合国科教文组织国际发展委员会编著的《学会生存》一书中指出:未来的文盲,不再是不识字的人,而是不会学习的人。

因此,我们从小就应该培养自己成为能运用学习方法,去主动地获取需要的知识、会学、善学的人,而不要成为只会被动地接受知识的“死读书”的人。

第二编

团结合作

团结合作不仅可以增强同学之间彼此的了解、感情的沟通，而且还可以增强班级的凝聚力，团结一心，共同创造美好的学习环境，和谐的学习氛围。“一朵鲜花打扮不出美丽的春天。”只有同学们团结起来，才能共同创造美丽、和谐的春天。

一滴水只有放进大海里才永远不会干涸，一个人只有当他把自己和集体事业融合在一起的时候才能最有力量。

——雷锋

学会合作

现在的学生大多数都是独生子女，家庭、社会很难给他们提供集体生活的机会，学生容易产生“处处以我为中心”的思想，缺少互帮互助、以大局为重的意识，这对学生良好的行为品质的形成和发展是极为不利的。

在班集体里，同学之间时常出现因为互不相让而引起争执的情况，更不用说团结互助了。而要想使班集体具备凝聚力，就必须培养学生之间相互理解、相互支持、团结协作的能力，这是班级教育工作的一项重要任务。面对这种现状，我们班开展了学会合作的主题班会。

班会过程

一、班会程序

1. 宣布《学会合作》主题教育活动开始。
2. 实验:《二指抬人》。
3. 短剧:《字母拼词》。
4. 竞赛:《快速粘贴画》。
5. 情景剧:一家人或其他内容的舞台剧。
6. 观看学农录像。
7. 主持人做结束语。

二、班会纪实

主持人A:俗话说“二人同心,其利断金。”一个人的力量太小,只有拥有合作,才能拥抱成功。

主持人B:一人之力是站在海岸遥望海中已经看得见桅杆尖头了的一只航船,需要风浪的推动。

主持人C:一人之力是立于高山之巅远看东方已经光芒四射喷薄欲出的一轮朝阳,需要朝霞的映衬。

主持人D:一人之力是躁动于母腹中的快要成熟了的婴儿,需要母体的滋养。

主持人A:合作是通向成功的指向标。丹麦天文学家第谷用30年时间精密观察行星的位置,积累了大量精确可靠的资料,但不善于理论思维和科学整理,未能有重大发现。临终前第谷将资料交给助手开普勒,并告诫他按这些资料编制星表。第谷的精确观察和开普勒的深刻研究相结合,终于引出行星运动三大定律的发现,揭开天体运动的秘密。没有合作,哪来行星运动三大定律?

主持人 B:合作是铺向成功的基石。战国时期的蔺相如多次立功,并使完璧归赵,被赵王重用,担任赵国宰相时,廉颇老将军居功自傲,十分不服气,并处处刁难。蔺相如为了国家的利益,对廉颇老将军处处相让。在廉颇老将军明白了蔺相如的初衷后,非常惭愧,亲自到宰相府负荆请罪。他们在处理国家事务中精诚合作,使赵国日渐兴旺,“将相和”被传为历史佳话。没有合作,哪来国家兴旺?

主持人 C:合作是开往成功的列车。1935 年遵义会议前,毛泽东不主持中央工作。受“左”倾机会主义的影响,红军的处境非常艰难,被迫长征。红军在长征途中召开了遵义会议,在周恩来、张闻天和王稼祥的坚持下,确立了毛泽东在全党全军的领导地位。新的党中央在毛泽东的领导下,实事求是、团结一致、精诚合作,红军的胜仗是一个接着一个。从此,中国共产党的理想航船,跨越过了最为狭窄的航道,驶向光明大道。没有合作,哪来历史性转折?

主持人 D:让成功之花在合作的土壤里盛开,让成功的清泉在合作的泉眼中喷涌,让成功的山鹰在合作的蓝天中翱翔。让我们拥有合作,拥抱成功吧!

主持 A、B、C、D 合:《学会合作》主题班会现在正式开始。

主持人 A(对 B):你说使一个集体成功的秘诀是什么?

主持人 B:我觉得就是学习好。

主持人 C:我觉得纪律好最重要。

主持人 D:你们说的都对,但要我说,还是团结协作最重要!

主持人 A:对,协作精神不仅可以使一个集体进步,还可以创造奇迹呢!

主持人 B:奇迹?不太可能吧?

主持人 C:怎么不可能呀?

主持人 D:哎,哎,你们先别争,看看他们那儿说什么呢?

由两名同学上台主持,引出实验,请同学自愿参加抬人。

《二指抬人》内容:你能相信“用两根手指就可以把一个人抬起来”的故事吗?让我们来做个实验。

让一个同学平躺在一张桌子上,他身体的两侧分别站了五个同学,每个同学用食指和中指放在他的身子下面向上抬,在主持人有节奏的口令中,平躺着的同学就会被周围的十名同学用两根手指抬起来……

实验后,请抬人的同学和被抬的同学分别谈体会。

通过讨论,说明个人是不可能做到这一点的,大家共同合作却能够创造奇迹。

主持人 C(冲 B):怎么样,信了吧?

主持人 B:确实可以创造奇迹。

主持人 D(跑上):……不好了!那群字母又打起来了!

主持人 A:走,咱们看看去。(下台,引出《字母拼词》短剧。)

《字母拼词》短剧内容:由同学们扮演英文字母,以短剧的形式体现。当字母的顺序发生变化时,英文单词的意思就会千差万别。如:WINDOW(窗户)和WIDOW(寡妇)只有一个字母之差,SILL(基石)和SILLY(傻瓜),等等。以这些失败的例子引发大家讨论。

角色:O、J、N、W、Y等十几人。

O:我作用最大!

I:我作用最大!

A:吵什么呀!数26个字母从我A开始,你们都得排我后头!

W:我作用最大!

老师:嘿嘿!干什么呢?都这时候了,还吵呢!快点排练拼词,人家还得看咱们表演呢!来,先拼个简单的。

WINDOW:W、I、N、D、O、W。快点儿!唉,让他们合作可真难,我作为负责人,也不容易呀!(转过身。)

N(左看看,右看看):这么简单的词我可不拼,要拼就拼高难的!哼!你们自己玩吧!(走开。)

O(对N):哼!又摆什么臭架子呀!

I:我们才不稀罕你呢!

L:走就走,没你我们照样行!(众字母站好。)

老师:拼好了吗?我看看,这……这怎么变成寡妇啦?

众字母:寡妇?

老师:W、I、D、O、W,寡妇的意思呀!N哪儿去啦?什么时候能消消她这傲气呀!你说这要是表演可怎么见人哪!……算了!第二个,拼基石,SILL:S、I、L、L,认真拼,谁也不要耍性子!

Y(上台):哎?怎么两轮都没有我呀,不行,我得表现表现。(加到词尾。)

L(对Y):你怎么来了?

Y:兄弟,通融通融,沾点光!

老师:我看看……(转过身,气得说不出话来。)

众字母:怎么了?

老师:你们对我有意见就直说,不必这么变着法骂我呀!

O:哎!Y!你怎么来了?那这词变成?……傻瓜!(众人听后,诧异,低着头。)

老师:算了,你们也不是故意的,就是得记住,要团结,别好出风头!下面咱们来拼一个MIDDY(水手服)。

M(上台):现在该到我M了,而且我还是打头阵,瞧我多重要!

D(对M):你怎么啰嗦个没完了呀!这里面我可占两个席位,可比你重要多了。

U(对I说):水手服,我喜欢,我来我来,你个小小的I,一边呆着去。

I:哼哼,有你没我,有我没你,我才不愿意和你同台演出呢。

Y:你们别吵了,老师您请看看吧。(挽老师。)

老师:这回不会出错了吧。啊?好好的水手服怎么变成"浊"(MUDDY)了?哎,又是一次重大失败。算了,咱们再拼一个吧。我想想,就来拼一个FLY(飞)吧。

S(对I):好啊,你在这儿显眼哪。去去去,就你那点本事还想飞?我替你!(拱。)

I:你怎么这样啊,我本事怎么小了,瞧你那曲里拐弯的样儿,哪儿当得了先锋!

L:你们别吵了,一点也不团结。

Y:老师说了,我们得团结,谁也不能搞个人主义。

I:行,我也发扬发扬风格,不跟他一般见识。(下。)

老师:我看看吧,完了,咱们的表演算是彻底砸锅了,从窗户到寡妇,从基石到傻瓜,又从水手服到污浊,这下又从飞到了狡猾(SLY),哎,没辙呀,咱们散伙吧……

(众人下台。)

主持人B:大家看了这个短剧有什么启示呢?

主持人D:我有一个想法,我们也可以合作做好一件事。把全班同学分成五组,每组发一套剪贴画,派每名组员轮流上去贴,构成一幅完整的画。

主持人A:我们将根据构图、搭配等情况,评出最好的一组。

主持人D:下面,请各组设计粘贴画,设计时间约为3分钟。

主持人A:预备,开始!记时3分钟。

内容:事先将全班同学分成五组(每组六人或七人),每组发一套剪好的剪纸画,分别为太阳、房子、湖水、大树、山羊、人物或其他,再将五张纸板粘在台前黑板上,请同学们将各自手中的剪纸贴在纸板上。比赛前几分钟,每组组员一起商量,对整幅画进行设计。每个同学只能拿一张剪纸,用接力赛的形式按各组商量好的位置粘贴在画板上,快速轮流粘贴,使之成为一幅画,并选一名同学解释整幅画的构思和含义。比赛哪一组的速度快,而且构思巧妙、图画完美。

由于构思不同，每幅画的设计和含义都不同。粘贴纸是一次性的，一旦粘好就不能改动，这就需要各组同学合作默契。如果只顾突出自己粘的那一部分，就会使整幅画不美观、不协调。每幅作品都是大家智慧的结晶，竞赛会很激烈、精彩。通过竞争使学生意识到，不能只强调个人的作用，要大家共同协作才能做好事情。在活动之后，结合短剧引发学生讨论互相协作的重要性。

主持人 B：请每组选一名代表来解释本组画的含义。

主持人 C：请同学们谈一谈比赛时的心情。

（略）

主持人 C：Jack 和 Bruce 是一对好朋友，可是他们初识时并不友好，这是怎么回事？请看情景剧《一家人》。

内容讲述的是一个孤儿在他的老师家里生活的故事。老师的弟弟因为自私，经常和他产生矛盾，通过老师的教育，他们最终成为互帮互助的好朋友。（剧本由学生编写、学生表演，他们在排练的过程中就已经受到了教育。）

角色：Mike（M）、Jack（J）、Bruce（B）、Jack 的爸爸 Dad（D）

场景一：Mike 的家门口

Mike：Jack，这就是我的家，进来吧。

Jack：噢，我看还是算了吧，我还是回仓库里睡吧。

Mike：那怎么行呢？我是你的老师，就要对你负责，何况我们又是好朋友。

Jack：Oh，那好吧。

（按门铃）

M:嗨,Bruce。

B:嗨,Mike。

M:这是我的学生——Jack。

B:嗨,Jack。(握手)

J:很高兴认识你。

B:进来补课吧。

M:哦,不是的,Bruce,Jack 是来住在咱们家的。

B(吃惊地):住咱们家?

M:对,而且他将成为我们家的一员。

B:家庭成员?喂!Mike,你怎么平白无故领个陌生人回家住呢?你知道他是好人还是坏人?

M:够了,Bruce,别问那么多了,你放心他的为人,他是我的学生,你还不相信我吗?

B(小声地):就因为是你学生,我才不相信。总之,咱们家不欢迎这种人。

M:我告诉你,Bruce,Jack 是个孤儿,从小流浪街头,现在睡在我们学校的仓库里。

B:孤儿?大街上那么多孤儿,你管得过来吗?

M:别说了,你们要和睦相处,咱们是一家人。(对 Jack)噢,Jack,这是你的卧室,先歇会儿。

场景二:Mike 的家

M:哎,Bruce,让我看看你的作业。

B:不,我还没写完呢。

M:没关系,先让我看看。(吃惊地)什么?你太让我失望了!

J(走过来):老师。

M:不要叫我老师,叫我 Mike 就行了,咱们都是一家人。

J:好吧,Mike,我想让你帮我看看这道题。

M(看题):天哪! 这么难的题,你居然全对了!

J:我是说还有另外一种方法。

M:另外一种方法? 你真是个天才,Jack,你比 Bruce 这个傻瓜强多了!

B:Mike,你怎么这么说你弟弟? 我是傻瓜,他是天才,你让他做你弟弟好了。(生气地走了)

M:怎么会这样? (对,Jack)已经六点了,咱们去附近吃饭吧!

场景三:一家小餐馆

M:Jack,你是客人,你来点菜吧!

J:你比较熟悉这家餐馆,还是你来点吧。

M:那也好。(对服务生)先来一个炖蘑菇,这是 Jack 最爱吃的!

B:什么? Mike,你知道,我最不爱吃的就是蘑菇,你是怎么了?

M:好了,Bruce,你可以再点别的,别为一道菜斤斤计较了。

B:你说我计较? 你为了他就可以牺牲我? 我是你弟弟,还是他是你弟弟?

M:别说了,咱们都是一家人!

B:一家人? 你和他一家人去吧! (走出去)

场景四:Mike 的家

(Jack 回到家,敲门)

J:嗨,Bruce!

(Bruce 不理他,走过。)

M:Jack,没事的,Bruce 是个挺友善的人,你们不久就会相处得很融洽的。

J:但愿如此吧!

(J 去刷牙,碰到 Bruce)

J:Bruce,能借我牙膏用用吗?

(B 把牙膏扔在桌上,走了)

场景五:放学后,家中

Jack 正伏案写作业,看到 Bruce 忧郁地来回走动。

J:(莫名其妙地自言自语)他怎么了?

B(踱在 Jack 面前):Jack。

J:怎么了? Bruce? (抬头,停笔)

B(突然激动起来):你知道吗? 今天有场篮球赛,我打了四年篮球就为了这一天! 但各科老师都好像故意为难我似的! (在 Jack 身边转来转去,非常焦急)数学两本练习册,物理课后全部习题,语文两篇作文、一篇读后感,还要帮社区的大妈办事……(快昏倒状,擦汗)

J:哦,你真惨。(无奈地笑了笑)

B:所,所以……你能不能……你知道这场球赛……

J:帮你写作业? (轻松地看着 Bruce)

B(又低下头,放低声音):对……行吗?

J:没问题。(又轻松地一笑)

B:哦! (刚想热烈拥抱,又放缓语气)谢谢!

晚上，Jack 把几本书摞在一起，舒了口气。

J(看看表)：Bruce 怎么还不回来，我都写完了！

(Bruce 进门，无精打采地把篮球扔在地上。)

J(很兴奋地)：哦！Bruce 你看，数学练习册，物理习题，读后感，还有老大妈的表扬信……(一样一样地递给 Bruce 看)

B(毫无神气，闭着眼)：放那儿吧。

J(发觉他的沮丧)：哦，Bruce，你怎么了？

B：比赛泡汤了……(仍闭着眼，绝望地说)

J(稍一皱眉)：你是说……篮球……输了？

B(睁眼)：我以后再也不打篮球了……(哽咽)

J：哦，你就因为一场比赛的输赢而一蹶不振？

(B 把头埋得更深……)

J(盯着远处的某个地方，惆怅地说)：你知道吗？有一次我打棒球连续让人击出了十个全垒打……以至于提前结束了比赛……

B：哦，你这个白痴……(脸上的表情舒展开了)

J：你看我现在还不是活得好好的？虽然能力不行，我还是很喜欢棒球。可你不一样，你有能力，这回只不过是发挥失常罢了……

B(越想越高兴)：我也这么认为……

J(捡起地上的篮球)：站起来吧，Bruce，我相信你！(把篮球扔给 Bruce)

B(站起来接住球)：谢谢！(脸上绽出微笑)

M(推门进来)：你们……居然在聊天？怎么回事？

B、J:(两个人眼神一对,互相一笑)……没什么!

M(莫名其妙地抓了抓头发):咦?这两个人真奇怪。

一天下午,Bruce 正请教 Jack 题,Mike 正为如此融洽的家庭关系欣慰地微笑。(Ring…… Ring…… Ring……)电话响了,Mike 拿起电话。

D:喂,是 Mike 老师家吗?

M:是的。

D:听说您最近收养了一个孤儿,他……他长什么样?

M:哦,他是个很棒的小伙子,嘴角有颗黑痣,手臂上还有条疤。

D:黑痣,疤,没错,他,他叫什么名字?(激动地)

M:Jack。

D:Jack?

M:你怎么知道?

D:哦,他是我儿子……(心痛地)

M(震惊):什么?可是他从来没有说起过……

D:喂,喂,可是……(无奈地挂上电话)

(Mike 沮丧地走过来,想叫 Bruce 来商量)

M:Bruce,你,你过来一下。

B:哦,Jack 正给我讲题呢!

M 不作声,揪起 Bruce。

B:喂,喂,你……(被 Mike 揪到一旁,两个人一阵耳语)

B(露出异常惊讶的表情):可是,他,他不是个孤儿吗?

M:嘘!(捂上 Bruce 的嘴)你说是想让 Jack 走,还是让他留下？

B：当然是让他留下。（放低声音）

M：那么我们这样做……（与 Bruce 耳语）

B：这样……行吗？

M：只好这样了……

两个人走到 Jack 跟前，推推让让，吞吞吐吐。

J：怎么了？

B：是……是这样的，我和 Bruce 明天上午有点事。

M：平常我们有份工作，就是帮快餐店挨家挨户送比萨饼，你能帮我们吗？

J：没问题！（笑了笑）

B、M：太好了。（两人相视一笑，笑中又藏了几分苦涩与无奈）

第二天早上，Bruce、Jack、Mike 三人一同出门。

J：一会儿见！

B、M：再见（两个人待了一会儿，见 Jack 走远后又返回家）。

Bruce 赶快戴帽子、围巾、眼镜，尽量把脸遮起来。两个人坐好，敲门声响起。

M：Bruce 快坐好，腿别抖。（自己的腿也在抖）

B：你抖什么？

M：闭嘴，快坐好。

B：那人好像已经敲了很长时间的门了……

M：啊！（过去开门）

M：你，你好，这是你儿子 Jack。（手指向 Bruce）

D(伸出手),Bruce 没理他,失望的 D 不被察觉地叹了口气。

D(抱歉地):Jack,你知道,我当年不是故意丢弃你的,只是当时我没那个能力。(愧疚地叹气)

B(紧张地):哦。

D:我现在可以带你走了,去哪儿都行。

B:这儿! 这儿挺好……

D(失望地):哦,你是说你不愿意跟我走了?

B:是,是的。

D(绝望):哦,那我走了。(忽然转头)你真的不愿意跟我走了?

B(吓倒):是的……(点头)

D(往出走):好好照顾我儿子。(拍拍 Mike 的肩)我……走了。

(M、B 正想拍手庆贺,Jack 破门而入,与刚要出门的 Dad 撞上)

J:哦,你们看我多伟大,一打比萨饼都让我送完了!

B:Jack,你怎么回来了?

M:Bruce,你别说了!(说完后捂嘴)

D(一脸疑惑):Bruce? Jack? 怎么回事?

M(迎 Jack 过来):Jack,来,先生对不起,他才是您的亲生儿子……Jack,对不起,我们骗了你。我们冒充你,骗你爸爸……

J:爸爸?

M:对,你的亲生父亲……我们这么做只是想让你留下来,真的。事到如今,你自己来决定吧……(领着 Bruce 到一旁去)

D:Jack,你……是跟我走还是留下来?(诚恳地看着 Jack)

J:我……(看看 D 又看看一旁的 Mike 和 Bruce,思考了一会儿,慎重地)对不起,爸爸,我虽然很想和你在一起,可是我在这儿才会快乐,你知道他们对我很好的……所以,我决定……留下来!

D:我明白了(欣慰地笑了),祝你快乐,儿子……我走了……

M、B(迎过来):Jack,怎么样了?(分站在 Jack 左右两旁)

J(假装沮丧):唉!

M、B 失望地低下头。

J(猛抬头,换语气,激动地):我当然决定和你们在一起了,谁让咱们是一家人呢!

M、B(从左右拥住 Jack):太好了!(三个人高兴的笑声持续了好久、好久……)

主持人 B:大家看完情景剧之后一定感触很深吧,剧中的两个人从不友好到互相帮助、关心,最终成为了好朋友。在我们的学习生活中也有这样的情况,你应该怎样处理呢?

(同学谈体会,略)

主持人 D:今年五月,我们参加了学农活动,大家互相配合,团结协作,用自己的双手辛勤劳动,尝到了劳动的快乐,也增长了不少知识。

主持人 A:让我们来回顾一下那段美好的时光。

观看学农录像

内容:播放同学们在学农时期的录像,并请同学们谈当时劳动的体会。有的同学在劳动中运用物理知识,想到了既省力又快捷的方法,如:一起拔萝卜、挖鱼池、两个人用铁锹抬土等。学生积极参与活动,用课本的知识解决实际问题,同时在劳动的过程中学会了互相协作和培养了他们的创新精神。

主持人 C:学农活动是令人难忘的,我们忘不了那段生活的苦与乐,忘不了团结互助获得的丰硕果实。

主持人 A:在学习生活中,团结使我们进步。

主持人 B:在社会生活中,协作使我们感受成功。

主持人 D:让我们心往一处想,劲往一处使,拧成一股绳。

主持人 A、B、C、D 合:让我们携起手,心相连,在洒满阳光的未来大道上昂首向前,共创美好明天。今天我们的班会到此结束。

班会反思

班主任在整个教育实践活动中起指导作用,学生是主体,活动由学生设计,通过实践进行自我教育。这种教育的方式优于传统的说教方式,受到了学生的好评。

通过班主任引导学生参与实践活动和主题教育活动,增强了学生团结协作的意识和集体凝聚力,达到了一定的教育目的。同学们认识到在集体中不能以自我为中心,必须与全班同学共同努力,互相理解和支持,才能使每个人都进步,才能使集体获得成功。如一位男同学在活动中谈到学农活动时的情景:当时,我们用来盛土的篮子已经十分重了,再加上满满的土,一个人抬是很困难的。在这种情况下，我想起在物理课中学到的杠杆原理，用铁锹当杠杆抬土，把力分在两个人身上，很有效。我们向其他同学宣传用铁锹抬土的方法，比原来快了许多。可见，在劳动中协作是很重要的。

这次班会后，学生们在日常学习生活中互帮互学了。学习好的同学主动与学习有困难的同学组成一帮一小组，带动了学习较差的同学的学习积极性，使这些同学的成绩有了不同程度的提高。在卫生扫除中，在同学遇到困难的时候，也有人争着去帮忙，形成了团结互助、积极向上的良好班风。

人的巨大的力量就在这里——觉得自己是在友好的集体里面。

——奥斯特洛夫斯基

同在一片屋檐下

新组建宿舍,学生们由陌生聚在一起,学会相处是集体生活的关键。班上学生多为独生子女,其中大部分初次离开父母过集体生活,难免有些不适应。为了加强宿舍内部团结,增强集体荣誉感,召开此班会。

班会过程

一、班会程序

1.“我爱我家”吹气球比赛。男女宿舍同时进行:宿舍 1vs 宿舍 2;宿舍 3vs 宿舍 4;宿舍 5vs 宿舍 6;宿舍 7vs 混合宿舍。

2.宿舍问题讨论。

说明:①每个宿舍派出两人参加。②主持人提出若干宿舍问题,然后提出两个观点选项,参赛者可根据其选择进行走动,并说出选择理由和解决方法。③对方或台下观众可针对发言内容随意发问或反驳。④发言有理或精彩的,其他同学掌声鼓励。最后获得掌声最多的发言者将获"宿舍至宝"称号并获一份特别奖品。

3. 班主任总结,班会结束。

二、班会纪实

主持人:在我们进行班会之前呢,咱们先来做一个游戏。

我先说一下咱们的游戏规则。游戏以宿舍为单位组成一支球队,要求把球吹过对方场内,除手外,可用身体任何部分触球,吹出界或球掉在本方界内的输;每场三局,每局三分,采用三局两胜淘汰制,男女生各赛出冠军宿舍一个。在咱们的球场上,分两个场地,每宿舍各派一人拉线(中间的线),由班主任当裁判。

主持人:同学们听明白了吗?

同学们:明白。

主持人:好,现在比赛开始。

(过程略)

主持人:在刚才的游戏中,大家表现的都很出色,尤其是宿舍3,他们宿舍取得了第一名。我们祝贺他们。

主持人:比赛结束了,可我就在想,如果只依靠一个人的力量,宿舍3最后能取得胜利吗?

同学们:不能。

主持人:对,我觉得也不能,而且如果大家不齐心,也许他们在第一场的比赛中,就有可能被淘汰掉了。所以说集体的力量大。

宿舍是我们生活的地方,每天生活在同一屋檐下,正如一家人一样。但正所谓"相见好,同住难",日子久了,难免会有一些磕磕碰碰。例如争洗澡房啊、别人拿错了自己的东西啊、清洁问题、用词不当引起误会啊、舍员说梦话吵着自己睡觉等等。总之,小问题是很多的,如若处理不当,小问题会变成大问题,或者会造成关系紧张,或者会造成情绪低落,影响学习,或因此势不两立,大动干戈,造成不可想象的后果……

一个宿舍的人际关系,可以看作是其他人际关系的缩影,现代社会除了讲究 IQ 外,也讲究 EQ,也就是情商,说白一点,就是情绪和人际关系。一个才华横溢但处处讨人厌的人,他会因众叛亲离、孤立无援而最终一事无成。学会处理宿舍的人际关系,也就学会调节人与人的关系。

下面,我们共同讨论一下,如果我们遇到下列问题时,该如何恰当地解决。

1. A、B 同住一室,B 经常带一些水果之类的食品回宿舍,A 跟其他的舍友经常分而吃之。有一次,B 从教室回来,发现自己水果全没了,而自己竟然一个也没吃过,他一声不吭,去洗澡,洗完后,发现自己刚买一个星期的洗衣粉又没了。这时,A 从另外的洗澡房出来,并说:"你的洗衣粉太糟糕了,洗得一点也不干净。"B 生气了:"'不问而取,视为贼也。'打了别人还说别人弄断他的棍子,岂有此理!”从此,B 没有睬过 A。而 A 和其他舍员就觉得 B 太小气,斤斤计较没点男子气概。

问:你支持谁?为什么?假如你是舍长,你会用什么方法解决这种僵局?如果你是其中的舍员呢?

2. B 来自北方,经常不洗澡,而 A 很爱干净,觉得既然同在一室,就应该顾及他人感受,搞好个人卫生,因此对 B 颇有微词。而 B 则认为这是个人的事,A 是“狗拿耗子,多管闲事。侵犯个人隐私权,干涉别人的私生活。”

问:你支持谁?假如你是他,你会怎样解决这件事?

3. A 是学生会干部,经常要做事而误了宿舍清洁,B 颇有微词。B 认为:A 不把宿舍清洁问题当一回事,才赶不回来清洁的。而 A 认为自己因为工作才耽误清洁的,并不是故意的,情有可原。

问:你支持谁?为什么?若你是他,你会怎样解决?

4. A 非常有生活规律,而且睡眠质量不好。B 非常勤奋,每天一大早就去课室,但每一次,他都轻手轻脚地起床,以免吵醒 A。A 却仍然每次都被吵醒。A 认为 B 不应该为了自己而影响别人休息,影响他人的学习状态。B 则认为自己已经尽量少发出声音了,其他人都没意见,就他,要么是太挑剔,要么一定是妒忌自己这么勤奋。

问:你认为 A 对还是 B 对?B 是否该坚持?

5. A 喜欢说人坏话,许多舍员均对此不满,你有何妙方劝他?

6. 舍员都在搞大清洁，而 A 在吃东西，B 在洗衣服，大家对此很不满。A 的理由是他在吃东西，迟一点也没关系；B 则认为，我上次已经搞过一次清洁了，这一次不用搞了，那些搞过再搞的人只不过是热心而已。

问：你同意 A 和 B 的观点吗？对此你有什么既能解决问题，又能不伤和气的良策？

7. 你觉得舍员相处的原则是什么？

8. 你心目中的宿舍是怎么样的？你对舍长的要求是什么？

主持人：听了同学们说了这么多，下面请班主任说两句。

班主任：各位同学，以上情景，或许大家曾经听说或经历过，通过讨论，同学们都或多或少地寻找到一些解决宿舍问题的方法和原则；但无论以何种方式解决问题，人与人之间的相处贵在真诚与互爱互助，同在屋檐下，亲如一家人，希望大家能多从别人的角度想想，“将心比心”，坦诚相待，互相照应。只要能做到这一点，你将会找到集体生活的真正乐趣，找到令你若干年后仍感动不已的温暖感觉。

班会反思

关注学生中存在的问题，并引导学生自己进行解决，这是解决问题的根本。一节讨论班会的讨论发言是否踊跃热烈，关键是设计的问题是否为他们熟悉的、有争议以及关乎切身利益的。本次活动气氛热烈、台上台下发言踊跃并妙趣横生。通过讨论，对一些问题达成了共识，一些错误的言行在集体舆论的监督之下得到了纠正。这节班会引起了学生对宿舍问题的关注。开班会前，学生反映的宿舍关系紧张的问题比较多，班会后很长一段时间，舍长都没有反映这一类情况，宿舍关系日趋融洽。

人是要有帮助的。荷花虽好，也要绿叶扶持。一个篱笆打三个桩，一个好汉要有三个帮。

——毛泽东

学习中要互助

学会合作，是现代人必备的素质，也是学校教育应着重培养的方面。组建班级以来，经过我们的共同努力，良好的学风已经形成，学生之间学习竞争激烈，但由于学生之间由于相处时间短，还没养成互助合作的学习习惯。希望通过班会，学生学会学习中互相帮助，养成与同学的合作意识。

班会过程

一、班会程序

1. 听故事。

2. 看材料，看完后请说说你的读后感。

3. 谈谈发生在自己身边的一些事，各抒己见。

4. 互帮互学。

5. 提倡互补与互助。

二、班会纪实

主持人："金无足赤，人无完人"，任何人都有自己擅长的技能，也有难以克服的缺陷或不足，因此学习和生活中我们都应该互助合作，互惠互利，共同进步。

2003 年 8 月，在经过 6 个月的历险和恐惧之后，发生在撒哈拉沙漠的 15 名欧洲游客被绑架事件最终得以解决。14 人活下来，只有德国女游客米歇尔未能幸免。回顾整个被绑架的过程，米歇尔的死并非偶然，在某种程度上说，使她不能很好的与人相处和合作，导致了她的死亡。

在这次死亡之旅中，与旅客及绑架者相处合作显得格外重要，个人的阅历和魅力决定了自己在这个群体中与人相处与合作的能力，确定了自己在这个群体中的位置。米歇尔倔强的个性和不合作的态度，使她在这个群体受到严重的孤立。米歇尔不相信任何人，经常与同伴发生冲突。绑架者都是些极端分子，他们对处于弱势的人提出诸如戴头巾、穿外套之类的要求，被绑架者中只有米歇尔不予合作。在同伴一次次的苦劝，而毫无结果的情况下，米歇尔与同伴的关系越来越疏远，不得不一个人待着。由于米歇尔与旅伴的情感距离越来越大，就连绑匪在她再次不听话的举动之下，也没有惩罚过她。因为他们已经认识到米歇尔在人质中是多么孤立，没有必要杀一儆百。

米歇尔无声无息地死了,群体(包括绑匪)变得更加融洽、更加照应,这一点从绑匪和人质照片中的笑容中可以看出来。人质马克说:“米歇尔的死并非不再使我们神情紧张,而是我们已经看到,如果我们不能很好地相处和合作,将导致更加恶劣的后果”。

与人很好地相处、合作,任何时候都是一种美德,都是社会的需要。与人很好地相处、合作,可使自己的人格变得高尚,用一种豁达的心态去分享别人的成功,用一种欣赏的眼光去肯定别人,你的人生境界会因此得以提升;与人很好的相处、合作,可以建立一种健康和谐的人际关系。在一个节奏飞快的现代社会,在一个无暇沟通的生活环境中学会适应和理解,人与人之间定会多一份融洽,少一点隔阂;与人很好的相处、合作,必须克服那种狭隘的心态。一个始终想着自己得失的人,一个总是对别人心存戒备的人,一个狂妄自大的人,是永远不会体验到相处与合作的愉快的。

相处与合作的愉快,不是以廉价的吹捧和无原则的夸奖来获得的,更不是投其所好、卑躬屈膝的精神贿赂,而是建立在客观事实基础之上真实的价值判断。

主持人:下面请同学们听一个故事。

天堂和地狱

有一个天真的孩子不知天堂和地狱为何物,便去请教一位哲学家。哲学家把孩子领到一个地方,小孩看到,在很大很深的池子旁坐着一群老者,他们在用很长很长的勺子十分费力地从池子中舀汤喝,尽管空气中飘荡着汤的鲜美味道,这些老者却长得瘦骨嶙峋。哲学家告诉孩子，这就是地狱。

紧接着，孩子又跟着哲学家来到另一个地方。同样阔大的池子，同样的汤，同样长长的勺子，不同的是这些老者，在用长勺给对面的老者舀汤喝的同时，也喝到了对方送过来的汤。小孩子发现这些老者们，个个红光满面，神采飞扬。小孩子若有所思地说："我知道了，这里就是天堂。"

主持人：同样的池子，同样的汤，同样的人，但天堂与地狱中的景象却形成了天壤之别，这二者究竟不同在哪里呢？请同学们认真思考后回答。

主持人：下面请同学们再看以下一个材料，看完后请说说你的读后感。

小材料

著名的电器镇温州柳市占有全国低压电器的一半产量，这里共生着一个庞大的低压电器企业群，正泰电器、德力西等几家大企业位于金字塔的顶端，在这个金字塔的下面，是1200个私营或家庭协作厂。

据了解，正泰95%以上的零部件在本地采购，与上游企业形成非常安全稳定的信用关系，流动资金占用量达到最小。近几年，正泰每年以60%增长率高速增长，2001年产60个亿。2002年，正泰董事长南存辉说，放慢点速度，增长30%。

媒体评价："与其说是正泰成就了1200个协作厂，不如说是那1200个协作厂成就了正泰。"正是这1200个企业群，在整体上形成专业化分工和大生产的格局，大幅度节约了制造成本及交易成本。这种模式受到国内外经济学家高度评价。

主持人：下面同学们谈谈发生在自己身边的一些事吧！

1.“作业抄袭”、“考试合作”，你怎样看？

2.怎样认识和处理帮助别人和自我学习的矛盾？

主持人：请你和其他同学自愿结成互助学习的对子或小组，确定互助活动的时间、地点、内容和方式，写在各自的书本上。

有些同学可能觉得自己在某些方面有某些独特的见解，因而不愿和别人交流，生怕被别人学去，超过了自己，殊不知封锁和保守只能作茧自缚。古人云：“独学而无友，则孤陋而寡闻”。自己的见解是否都正确，见解的丰富和发展，都能在“集思”中得到验证和实现，互相探讨的过程就是提高和再创造的过程。

俗话说取长补短，就是取人之长、补己之短。比如，你擅长文，我擅长理，我们可以互补；你思维活跃，我思考深刻，我们也可以互补。彼此的互补使人在横向得以发展，走向全面。

班会反思

学习互助是培养学生良好的学习习惯的重要手段。学生在学习过程中形成自主学习、积极思维的良好学习习惯，对于提高学习成绩具有重要作用。优秀生带后进生，建立学生群体参与、互帮互学的课上、课下浓厚学习氛围。班主任帮助后进生树立“我能行”、“我愿学”的信心，让他们能够在课堂上主动听讲，课下主动完成作业，提高学习有效时间，使学生逐步形成良好的学习习惯和积极主动的学习行为。

学习互助注重每一个学生的发展，改变了传统教学

中重视“尖子生”，忽视中间生，冷落后进生现象。后进生渴望在学习上有所提高，但由于以前学习基础差，单独依靠自己的力量很难完成学习任务，因此，加强学生间的合作互助显得尤为重要。在合作互助学习过程中，学生之间都互相帮助，互相鼓励，人人都能学懂、学会，从而达到面向全体，共同提高的目的。班主任充分运用“兵教兵，兵练兵，兵强兵”的教学策略，利用好班内优生资源，通过优生参与辅导差生，进而达到优生的复习应用和后进生再学习的目的，促进学生的全体发展和整体提高。

这次班会有学生互动，最有意义的是以班会为起点，从此学生之间结成互助组，在日后的学习中学生们互帮互助，形成了团结合作的良好班风。

第三编

公民道德

社会已发生了日新月异的变化，新科技、新思想、新观念，无时无刻不在冲击着我们这个社会的传统道德。想让学生健康地成长，成为一个有用的人才，除了教给他们知识以外，还应该时时注意为学生增加一份精神营养，即良好的公民道德教育。养成好的公民道德习惯，是学生的立身之本，也是学生走向成功的第一张人生通行证。

关心是一种付出，关心是一种奉献，关心是一种美德，让我们从一点一滴的生活小事做起，学会理解，学会关心，学会做人。

——格言

关爱残疾人

残疾人事业的发展,是一个国家文明进步的标志,只有把关心残疾人事业变成全社会的自觉行动,残疾人事业才会有更大的发展,全社会的文明程度才会真正提高。但是,我们现在看到的情况却不尽如人意。在社会上,歧视残疾人的事件屡屡发生。就在我们的身边,也经常会看到一些不尊重残疾人的现象,甚至在校园里,一些人还取笑同学的生理缺陷,背地里称他们“小瘸子”、“小四眼儿”等等。他们对残疾同学的绰号叫得是那么轻松有趣儿,一点儿也没有意识到残疾同学内心有多么痛苦,一点儿也不理解残疾同学每天来上学,需要多么大的勇气,需要克服多么大的困难。教师教学生帮助残疾同学做点儿事,大多数学生也愿意去做,不少人还很积极。但是,他们在做好事时,往往出于“我能帮助你”的优越心理,并没有意识到扶残助残是“平等关怀”残疾人的自觉行动,而不是轰轰烈烈的突击行为。从社会上看,这方面的教育也是薄弱的。因此,我们很有必要搞一次班会活动,来增强学生们的扶残助残意识。

希望通过活动,使每个学生都建立起自觉的社会公德意识。把扶残助残当成同学们的自觉行动,这是我们每个人的责任。我们班主任要帮助学生们提高对残疾人事业的认识,在每个学生心里深深埋下“平等关怀”的种子,把扶残助残变成自己的自觉行动。

班会过程

一、班会程序

1. 宣布班会开始。
2. 汇报“做一天残疾人”的感受及社会调查。
3. 讨论今后如何为身边的残疾人朋友做好事。
4. 诗朗诵、唱歌。
5. 宣布班会结束。

二、班会纪实

班长宣布《关爱残疾人》主题班会现在开始。

A:那天,我体验了一天做盲人的感觉。从早上起床开始,我就蒙上了双眼。开始,我还觉得挺好玩,可衣服还没穿完,我就憋得受不了了。眼前一片漆黑,还得摸这摸那的,一会儿碰到头,一会儿碰到脚,想找什么都找不到。最让我难受的是,我不知道这时天亮到什么程度了,我就喊:“妈妈,今天天气怎么样?”“半阴。”我心想:半阴是个什么天?偷偷看一眼吧。后来又一想,不行,要坚持,我给自己鼓着劲。吃早点时,我竟把手伸进了妈妈的牛奶杯里。听电视的滋味也不好受……这一天怎么这么漫长,眼睛看不见,真是太痛苦了。

B:我也体验了一天做盲人的感受,还在爸爸的搀扶下,去楼下散了步。这一路上我能听见汽车从路上驶过,听见小朋友们追逐嬉戏,爸爸拉着我不住地说:“往左点,那里有一堆木料;往右点,那里有一个坑;再往这边点,前方有个井盖子翘着;再往那边点,前方停着一辆车……”唉,怎么我一蒙上眼睛,爸爸的话就这么多呢?现在我知道了,那不是爸爸的话多,而是街道的障碍太多,情况太复杂了。

C:我原来以为做残疾人没什么了不起的,以为盲人就只是看不见东西而已。我想我睡觉时,不也是闭着眼睛,什么也看不见吗?我躺在床上不是照样挺舒服的吗?结果却和我想的不一样。那一天,我用一块黑布遮住了眼睛之后,才真的知道什么是一片漆黑。吃饭的时候,我用鼻子在桌子上闻了又闻,想找一找我爱吃的菜在哪里,可是,这鼻子太不争气了!妈妈告诉我:“你爱吃的土豆丝就摆在你的碗前呢!”我夹了又夹,费了好大力气才夹上一点。爸爸说:“等你吃完饭,你的衣服可以当抹布了!”菜汤弄了一身。

D:那一天,我体验了一天双腿残疾的残疾人生活。我在屋子里拄着双拐从这屋走到那屋，拐杖打地的声音“嗒、嗒、嗒”地响。开始，我觉得这声音挺好玩的，我就不断地走呀走呀。爸爸妈妈看见了，谁也不理我。快吃饭了，我像往常一样进了厨房，想帮助妈妈拿碗筷。我一伸手，忘记了我的重心在双拐上，“啪”的一声，我和碗筷一起全都摔在了地上。

E：我也体验了一天做肢残人的感觉。妈妈帮我把右臂吊起，像打着沉沉的石膏。我原想，在电视里，我看见过残疾人用双脚写字、绘画、吃饭、工作。我只是右臂暂时“残”了，我还有左手呢！我试着用左手写字，一笔一画，我可认真了。可直到累得满头大汗时，我连20个生字也没写完。再看看自己写的字，天哪！这叫字吗？简直就是虫子爬！中午，我用左手拿筷子吃饭，根本就夹不上饭菜。改用勺子吧！我左手攥住勺把，就像狗熊耍马叉，连把饭送进嘴里都找不准方向！

F：我体验了一天做耳聋残疾人的感受。虽说耳聋不耽误吃，不耽误喝，也能走，还能跳。但是在周围一点声音都没有的情况下，我的心好寂寞呀！爸爸是相声迷，他在看相声的时候，我也凑过去看。只见电视画面上，两个相声演员的嘴一张一合的，爸爸笑得前仰后合，可我就是不知道他在笑什么！真是急死我了！

G：我做了一天聋哑残疾人。以前我最讨厌妈妈总是唠叨我，我都烦死了。我本想做一天聋哑人，妈妈唠叨什么我都听不见，可以清静一天了，那多好呀！可我没想到妈妈好像看透了我的心思，整整一天，也没跟我说一句话。我的心里真是难受。有好几次，我想跟妈妈说话，可话到嘴边又咽回去了。“我是聋哑人”，我提醒着自己。不能说,也听不见,失去了与别人交流的能力,真痛苦啊!

那位开始认为坐轮椅好玩的同学不好意思地站起来说:“我现在改变观点了,坐轮椅真不舒服,腰酸腿疼不说,这轮子可没有腿脚好使……”

“我也坐了一天的轮椅,我还去买了趟冷饮。我的体会是:别人的冷眼比腰酸腿疼更难受,残疾人渴望被尊重。”

“通过这一天的体验,我真的理解了残疾人朋友,他们的生活真是不容易啊!”

“残疾朋友太需要关心了。”

“他们更需要理解!”一个同学抢着说。

“他们也不是自愿当残疾人的。他们在跟特殊的困难作斗争。他们能顽强地生活着,自食其力,不给社会增添麻烦,特别值得我们尊重。”

“2000年悉尼残疾人奥林匹克运动会上,我国运动员获得了那么多金牌,为祖国增添了荣誉,这个分量,到今天我才知道有多重。”

这时,《爱心之歌》的乐曲轻轻地响了起来。

同学们情不自禁地和着乐曲,借助手语深情地唱起了《爱心之歌》。大家不约而同地站了起来。

当班长再次把班会活动的中心议题“我能为残疾人做点儿什么?”提出来时,会场又一次热烈起来,大家纷纷表示:

“从现在开始,我要自觉做一个扶残、助残的志愿者。”

“我要主动和我们院儿的残疾阿姨做朋友。”

“我要主动为盲人引路。”

“我要主动帮坐轮椅的残疾人推车。”

“我姥姥家附近就有一个福利工厂,我要到那里帮残疾人做些事。我和爸爸妈妈都商量好了,他们可支持我了。”

“我要……”

“我要……”

同学们的情绪达到了高潮。

班长宣布:“下面,我们班的‘表演艺术家’为大家表演诗朗诵。”

(略)

一个同学已经悄悄地坐在了钢琴旁,她深情地抬起双手,轻轻地击键,优美的声音像小河的水一样淌了出来,同学们和着熟悉的旋律,动情地唱起了《让世界充满爱》(略)。

在《让世界充满爱》的真挚歌声中,班长宣布班会结束。大家还深深地沉浸在《让世界充满爱》的歌声中。

班会反思

“爱”这个字说说容易,但如何让当今的学生们真正体会这个字的分量,如何用真心去爱别人,却不是一件简单的事。当学生们提出“体验做一天残疾人的感觉”的设想时,我就想:这是一个非常好的创意,一定要抓住。今天的学生,几年后就是国家建设的主力军,他们的公德意识,他们的精神文明程度,将是整个国家文明的标志。公德意识的教育,就要从小开始,才能深入人心。搞好这个活动,教育意义将是深远的、广泛的。我积极支持并引导他们深入思考活动的意义，帮助他们设计好活动的步骤。在辅导学生们深入搞好活动的同时，我自己的心灵也同孩子们一起得到了一次洗礼，感情得到了一次升华。活动结束后，我看到爱心的种子深深地埋在了学生们的心里，想到它将同学生们的理想一起升腾，我感到无比的快乐。

这次主题班会活动收到了很好的效果。不少学生家长反映：开始“体验做一天残疾人”的时候，学生们只是好奇。当他们体验了残疾人的生活，特别是在主题班会后，突然长大了许多。不管是在家还是出门，孩子们都有了公德意识。乘车，主动让座；人多，自觉排队；路遇残疾人需要帮助时，主动上前。家长们感觉，孩子们说的文明礼貌用语都显得比过去自然、亲切了。

通过一天的体验，学生们将有一生的收获。在今后的学习、工作中，他们会把对残疾人“理解、尊重、关心、帮助”的行为准则贯穿一生，并能自觉地成为残疾人平等参与社会生活和残疾人事业发展的义务宣传员，进而为促进整个社会的文明进程做出贡献。

为中华崛起而读书。
——周恩来

弘扬民族精神

爱国主义教育是学校教育的重要组成部分，弘扬民族精神更是爱国主义教育的核心部分。通过一些能够激发学生的民族精神、爱国热情的人和事，对学生进行民族精神的熏陶，从而进一步培养学生艰苦奋斗，热爱祖国的民族主义精神。

班会过程

一、班会程序

1. 班主任发言。
2. 第一小组代表发言。
3. 第二小组代表发言。

4. 第三小组代表发言。

5. 第四代表小组发言。

6. 班主任总结。

二、班会纪实

班主任开场白:“路曼曼其修远兮,吾将上下而求索。”中华上下五千年,从古代的四大发明,到现在的神舟六号载人飞船顺利返航;从“小米加步枪”到两弹一星;从林则徐虎门销烟到甲午海战;从“东亚病夫”到奥运金牌世界第二。这些无不深深地打动着我们每一位中华儿女的心,使我们从内心深处体会到了中华的温暖,祖国的伟大。我们为中华民族而欢呼,为祖国感到无比的自豪。

班长:作为中华儿女的我们,作为新世纪的一代,现在我们坐在这里,请展开我们思想的翅膀,飞进历史的长河。现在请第一小组代表上台发言。

第一小组代表

论及中国近代史开端的鸦片战争,就不能不提及林则徐的伟大历史影响。各国史学界浩繁的论著中,都对林则徐的历史地位作过应有的评价。就连当时作为敌国的英国,也在伦敦蜡像馆树立过林则徐的蜡像。原国际联盟(联合国的前身)曾将林则徐虎门销烟的开始日“6 月 3 日”定作“国际禁烟日”加以纪念。因为林则徐虎门销烟的数量之大、时间之长,在世界史上都是空前的,而其影响之深远,更是前无古人的。

虎门销烟,并非如许多人想象的那样,将查获的鸦片付之一炬。因为如果只是简单地将鸦片焚烧，烟毒会渗入土中，不法之徒仍会挖走烧过的焦土，再提炼，供烟客吸食。为此，林则徐在虎门特制了销烟池，将鸦片倒入池内，再加进石灰水等溶剂，这些溶剂与鸦片发生化学反应而使之失效。最后，将池中的废弃物倾入大海。因销烟池容量有限，销毁两万多箱(100 多万公斤)鸦片，共耗时 23 天之久。

林则徐的受命禁烟，是在外临强敌、内对奸臣的两面夹攻背景下进行的。在这一严峻的历史关头，他置个人生死荣辱于不顾，表现出“苟利国家生死以，岂因祸福避趋之”的大无畏爱国主义精神，维护了中华民族的尊严，显示了中国人民反抗侵略的意志。因此林则徐成为中国近代史上一位敢于反抗帝国主义侵略的民族英雄，他的业绩影响了一代又一代中国人。

第二小组代表

钓鱼岛自古以来就是中国的领土，它位于中国东海大陆架的东部边缘，在地质结构上是附属于台湾的大陆性岛屿。钓鱼岛列岛位于台湾东北 120 海里处，西东分别距中国大陆和日本冲绳各约 200 海里，附近水深 100 至 150 米，与冲绳群岛之间隔有一条 2000 多米深的海沟。自古以来，中国台湾、福建等省渔民一直到岛上从事捕鱼、采药等生产活动。

明朝初年起，钓鱼岛列岛就属于中国版图。永乐年间(公元 1403 至 1424 年)出版的《顺风相送》一书中就有关于钓鱼岛列岛的记载，这比日本声称的琉球人古贺辰四郎 1804 年发现钓鱼岛要早 400 多年。明朝以后中国许多历史文献对这些岛屿都有记载。

在1783年和1785年日本出版的标有琉球王国疆界的地图上,钓鱼岛列岛属于中国。19世纪末中日甲午战争爆发前,日本没有对中国拥有对钓鱼岛列岛的主权提出过异议。1895年4月,清政府被迫签订丧权辱国的《马关条约》,把台湾全岛及其所有附属各岛屿和澎湖列岛割让给日本,这以后在日本才有了"尖阁群岛"(即钓鱼岛列岛)之说,而在此之前,日本的地图一直是用中国的名称标定钓鱼岛列岛。

日本在第二次世界大战中战败后被美国占领。1951年,美日背着战胜国中国,非法签订了《旧金山和约》。《旧金山和约》第二条虽然载明日本放弃其对台湾及澎湖列岛的一切权利与要求,但第三条错误地把日本所窃取的钓鱼岛等岛屿归在美国托管的琉球管辖区内。中国总理周恩来当时严正声明,中国政府坚决不承认《旧金山和约》。1958年,中国政府在发表的关于领海声明中宣布,日本归还所窃取的中国领土的规定"适用于中华人民共和国一切领土,包括台湾及其周围岛屿"。综上所述,钓鱼岛自古以来就是中国的领土,这是无可争辩的。

但是日本公然无视历史的事实,多次在钓鱼岛问题上公然挑衅。在20世纪70年代初,日本右翼分子公然登上钓鱼岛活动。1970年9月10日,日本政府指使琉球政府发表《关于尖阁群岛的所有权以及大陆架资源开发主权的宣言》,声称尖阁群岛属于冲绳,行政权归还日本之事,当然属日本领土之内。1978年5月,日本政府把所谓《关于实行日韩大陆架协定的特别措施法》提交国会通过,继续采取侵犯中国主权的步骤。5月10日我国外交部副部长约见日本驻华大使佐藤正二,提出强烈抗议。

副部长强调指出，中国政府对日本政府和韩国当局背着中国在东海大陆架片面划定“共同开发区”的所谓“日韩共同开发大陆架协定”，曾先后两次声明，指出这是侵犯中国主权的行为，所谓“日韩共同开发大陆架协定”完全是非法的、无效的，中国政府决不能同意。但遗憾的是日本政府根本无视中国政府的严正立场，竟然又在众议院通过了所谓“关于实行日韩大陆架协定的特别措施法”，并提交参议院进行审议。对日本政府执意侵犯中国主权的这一严重步骤，中国政府表示强烈抗议，日本政府必须立即停止侵犯中国主权、损害中日关系的行为，否则，必须对由此产生的一切后果负完全责任。日本政府迫于中国的压力把头缩了回去，但在一年后，又派巡视船“宗谷号”于 1979 年 5 月 28 日至 6 月 8 日，载运人员和木材登上钓鱼岛，修建临时直升飞机场，又进而派出调查团和测量船对钓鱼岛进行测量调查活动。2002 年日本政府秘密地与所谓“拥有钓鱼岛所有权的日本国民”签订“租约”，以每年 2256 万日元的价格“租借”了钓鱼岛及其附近的南小岛、北小岛三个岛屿，“租期”从 2002 年 4 月 1 日开始至 2003 年 3 月 31 日止，但这个“租约”可以根据“双方的意愿”无限期地维持下去。

对于上述事件，中国人都义愤填膺，中国大陆及港台的一些爱国人士多次发起保钓行动。1996 年 9 月，香港一艘保钓船上的 4 人，在钓鱼岛附近海域被迫跳海，导致 1 人死亡。1998 年 6 月，保钓船“钓鱼岛号”在钓鱼岛附近海域不幸被撞沉没，但日方却指责是自沉事件。2004 年 3 月 24 日中国公民 7 人登上钓鱼岛后遭日方非法扣留，在被非法扣留期间还受到非人道待遇，这是对中国领土主权和中国公民人权的严重侵犯。2004 年 6 月 23 日,由 15 名来自中国内地和香港爱国人士组成的保钓团,乘一艘渔船抵达中国固有领土钓鱼岛的西部海域,这是近来规模较大的一次以保卫钓鱼岛为目的的行动。

据报道,保钓船 22 日从浙江温州附近出航,23 日中午 11 时 30 分抵达钓鱼岛西北部附近海域。保钓船桅杆上悬挂着中国国旗和香港特别行政区区旗。到达钓鱼岛附近海域后,保钓团打出红色横幅、挥舞国旗,并用高音喇叭宣读声明,抗议日本政府“租用”钓鱼岛、实施“国家管辖”的非法行为。之后,全体团员向钓鱼岛三鞠躬。组织者称,本次行动的目的是支持中国政府对钓鱼岛拥有主权的严正立场,回击日本在中国领土钓鱼岛的挑衅,捍卫中华民族的尊严。

但是,保钓行动却受到日本方面的阻挠和干扰。23 日清晨,日本海上保安厅出动飞机侦察中国保钓船的行踪,随后派遣 3 艘大型巡逻船阻挠保钓船沿正常路线航行。据悉,日本海上保安厅为此专门成立了警备对策室,日本设在冲绳的第 11 海上保安本部也组建了警备对策本部,日本官方长官也声称,将根据日本法令采取适当的应对措施。

我们的领土为什么要别人来指手画脚,我们中国人踏上自己的国土也要别的国家来插手吗?保钓的英雄们,我们永远支持你们,你们为了的国家主权不被践踏,为了中华民族的尊严,冒着生命的危险到岛上捍卫我们的主权。

第三组代表

随着一道炫目的火焰腾起，中国第一艘载人飞船“神舟”五号刺破云霄，冲向蓝天！此时此刻，中国首位“太空人”开始了人类向往的天际遨游；此时此刻，中华民族世代向往的“飞天”梦想得以实现。中国成为世界上第三个依靠自己力量将人送上太空的国家。这是中华民族振兴腾飞的巨大象征，标志着中国人民在攀登世界科技高峰的征程上又迈出了具有重大历史意义的一步。

“飞天”梦圆，彰显科技；“飞天”梦圆，提升国力。历史上，中国曾经以科学技术的领先而盛极，也以科技的落后而衰落。今天，中国之所以更加伟大，绝不仅仅因为历史的悠久，而在于中国审时度势与时代同行，加快了科技发展的步伐。从原子能、喷气式飞机、半导体、电子计算机、自动控制的“五朵金花”，发展为以“两弹一星”为主要标志的国防尖端科技事业，从第一艘航天飞船“神舟”号升空，到第一台高性能计算机系统的运行，无不在彰显科学技术的巨大威力。载人“飞天”作为“第一生产力”的显著代表，更是标志我国在多项高技术领域已经步入世界前列。也正因为这样，今天的中国人才敢响当当地拍着胸脯说：我们也能拥有强大的科技力量，我们也能走进世界科技强国之林！

“东风起舞，壮志千军鼓。苦斗百年今复主，矢志英雄伏虎。”张爱萍将军的著名诗句，既赞美了航天人的精神风骨，也激励着后人不断超越。这次载人发射的成功启示我们，实施科技兴国战略必须树立大无畏的勇气，敢于站在世界科技发展的前沿。坚冰早已打破，高新技术领域必须有中国人的一席之地，我们必须以此作为实现民族崛起、国家富强的桥头堡，满怀信心地推进建设小康社会的新的伟大征程。在中国“太空人”飞往茫茫宇宙、实现“上天揽月”梦想这一激动人心的时刻，让我们再一次衷心地期待中国的科技事业为世界文明和进步作出新的贡献。

第四小组代表

2004年北京时间8月28日凌晨2点40分，这是一个值得所有中国人铭记的日子，中国选手刘翔在男子110米栏决赛中以12秒91获得金牌！他创造了中国乃至亚洲的历史，成为第一个获得奥运田径短跑项目世界冠军的黄种人，这个成绩不仅打破了12秒96的奥运会纪录，还平了英国选手科林·约翰逊1993年8月20日在德国斯图加特创造的12秒91的世界纪录！

除了第二轮预赛马失前蹄意外跌倒的阿兰·约翰逊，世界一流的110米栏高手齐聚在鲜艳的红色跑道上，在他们眼前，是整齐的带有雅典奥运标识的白色栏架。刘翔穿着国旗颜色的运动衣，站在第四跑道上。一样年轻的法国黑马杜库雷在他的左边，这位名不见经传的黑人小伙子在半决赛跑出了13秒06的成绩，平了刘翔的个人最佳。而在刘翔的右边依次是牙买加的维格纳、世锦赛亚军美国人特拉梅尔，以及上届奥运冠军、古巴名将加西亚。在第一轮预赛、第二轮预赛和半决赛中，刘翔的成绩分别是13秒27、13秒26和13秒18，这都不是在他全力进行冲刺的情况下跑出的。似乎轻松的气氛中，有一种蕴涵着民族志气的力量在慢慢聚积，只等这一刻，就在决赛中爆发。所有人都在期待着刘翔的速度——风卷残云的速度,去为中国赢得一场痛快淋漓的胜利。

雅典时间21时40分,奥林匹克体育场的目光全部聚集在男子110米栏的起跑点,参赛选手正在积极热身着。刘翔同样按照自己的习惯预热着,先是缓缓地走向第一个栏架,转身返回起跑点,轻轻跳跃两下;当再次走向栏架的时候,刘翔的脸上放松许多,轻轻拂了拂额头的头发,甚至旁若无人地吐了吐舌头。

当播音员介绍到刘翔的名字的时候,他坚毅的脸上已经写着志在必得的霸气,甚至张开双臂充满自信地大呼一声。站在助跑器后的刘翔拍拍脑袋,拍拍胸脯;接着双手叉腰,蹬蹬双腿,坚毅的眼神望着前方。

八名选手都蹲在了起跑线上,突然第八道的选手向裁判示意姿势不舒服,第一次起跑被中止,顺势而出的刘翔稳稳地走回,脸上不起一丝波澜。第二次起跑仍然没有成功,第6道的美国选手特拉梅尔抢跑了。如果再有人抢跑将被罚下,气氛变得越发紧张起来。重新回到起点的刘翔深吸一口气,跳了两跳,但是望向终点的目光依然那么坚定。和之前每次起跑一样,刘翔仍然是最后一个蹲下身子,显得十分的沉稳。

发令枪响了,刘翔的起跑非常有力,他冲在了最前面,这一次他倾尽了全力,从第一栏就一直领先。没有人能追得上他的步伐,最完美动作,最有力的节奏,最快的速度,所谓的黑马并不可怕,在他左边的杜库雷早已完全被刘翔的频率带乱。第五栏后,一个身位的优势在拉大,刘翔越跑越快,他在全力冲刺,他第一个冲过了终点！12秒91！他平了1993年科林·杰克逊创造的世界纪录，也刷新了阿兰·约翰逊1996年亚特兰大奥运会的纪录！

世锦赛亚军、美国选手特拉梅尔以13秒18获得银牌，而上届冠军加西亚以13秒20获得铜牌，他夺取悉尼金牌的成绩不过是13秒00，刘翔今天的表现证明他是当之无愧的110米栏之王。

在1968年墨西哥奥运会上，中国台北选手纪政曾经夺得过女子80米栏铜牌，36年之后，又一位黄皮肤黑头发的中国人站在起跑线后，这一次，他带回了男子110米栏的金牌。在为刘翔欢呼和喝彩的同时，请记住李彤的名字，正是他在1991年东京世界田径锦标赛上的第八名，为中国打开了一扇门，让我们着手去发掘中国人在技术含量很高的跨栏运动中的潜力。

正是前人的努力，才有了上海小将刘翔的迅速崛起，从田联大奖赛的冠军，到世锦赛的铜牌、室内赛的银牌，再到今天的奥运冠军，梦想就在这一刻成真。那是行云流水一般的流畅，追风的青年传承了龙的神奇，21岁的刘翔在奥林匹亚体育场的110米栏架间镌刻出中国的轮廓，而他的微笑也在这块充满希望、充满骄傲的金牌上渐渐清晰起来。

班长：地球在转动，岁月在延伸，历史将把整个中国交给我们，21世纪将是我们的时代。作为新世纪的青少年，理应肩负起实现中华民族伟大复兴的历史使命。现在我们作为一名学生，应该怎样弘扬我们的民族精神呢？我觉得首先应从自己做起，关心我们的国家大事，勇于同破坏民族团结的行为做斗争，做一名合格的学生，好好学习，考出成绩。努力拼搏吧，同学们，为了我们的理想，为了祖国的繁荣昌盛，奋斗吧！

班主任总结：眺望未来，21 世纪的朝霞如此绚丽；放眼世界，21 世纪的画卷壮美神奇；展望未来，21 世纪的舞台充满了挑战也蕴藏着机遇。巴金老人曾动情地说：“青春是美丽的！”是啊，同学们，青春——一个多么美丽灿烂的生命季节啊！我们是祖国的未来，让我们在新的世纪带着一颗青春的心，做一个有道德，有理想，有纪律，有文化的“四有”新人，让我们的青春带着生命的激情，带着祖国和民族的希望一起飞扬！

班会反思

中华民族是富有爱国主义光荣传统的伟大民族，爱国主义是推动我国社会历史发展前进的巨大力量。没有爱国主义这一面伟大的精神旗帜，就不可能有现在蒸蒸日上的新中国。

在教学中开展爱国主义教育的目的，就是要教育学生热爱社会主义祖国，培养学生的民族自信心、自尊心和民族自豪感，激发学生献身社会主义祖国建设的使命感；教育学生热爱人民、热爱中国共产党，使学生自觉地投身到改革开放、建设有中国特色的社会主义伟大事业中去，做有理想、有道德、有文化、有纪律的社会主义公民。

班会组织严谨，按历史顺序展示了民族精神的不同表现，民族精神的内涵广泛、深刻，学生也能全面理解，从而使民族精神教育便于把握。

不以小恶掩大善，不以众短弃一长。

——朱熹

勿以善小而不为，勿以恶小而为之

生活中，我们认为某些事情已是司空见惯，已是熟视无睹，甚至麻木了。可是只要仔细想想，就会发现这些事里有着许多与公民道德不合拍的东西。

希望通过班会使学生严格要求自己，从小处着眼，不断完善自己。真正做到不以善小而不为，不以恶小而为之。

班会过程

一、班会程序

1. 创设情景，引入主题。

2. 道德规范知多少。

3. 我们怎么办。

4. 班主任寄语。

5. 班会结束。

二、班会纪实

主持人:先给大家讲一个案例:清华大学电机系四年级学生刘海洋,在2002年1月29日和2月23日,先后两次把掺有火碱、硫酸的饮料,倒在了北京动物园饲养的狗熊的身上和嘴里,造成3只黑熊、1只马来熊和1只棕熊受到不同程度的严重伤害。而这名大学生只年仅21岁,已通过研究生考试。头上有无数荣誉光环的刘海洋竟然做出如此缺乏公德的事情,这件事不得不引起我们的深思。为了不让类似的惨剧再次发生,我们应该从现在做起,从日常行为中做起,培养良好的公民道德,做到勿以善小而不为,勿以恶小而为之。我们班的主题班会现在开始。

(媒体辅助:展示题目——道德规范知多少。)

学生活动:分四个组,判断题,评出优胜组。

1. 穿戴整洁、朴素大方,头发干净整齐,不烫发,不染发,不化妆,不佩戴首饰,学生应按法式规范留发,男生不留长发,女生不穿高跟鞋。( )

2. 养成良好的卫生习惯,不随地吐痰,不乱扔东西,不吸烟、喝酒。( )

3. 举止文明,不打架骂人,不说脏话。( )

4. 要讲普通话，使用礼貌用语，讲话注意场合，态度和蔼。(　)

5. 同学之间团结互助，正常交往，真诚相待，不叫侮辱性绰号，不欺侮同学，发生矛盾多做自我批评。(　)

6. 未经允许不进入他人房间，不看他人信件和日记。(　)

7. 认真预习、复习，按时独立完成作业. 考试不作弊，合理安排课余生活。(　)

8. 遵守宿舍和食堂的制度，爱惜粮食，节约水电。(　)

9. 外出和到家时，向父母打招呼，未经家长同意，不得在外住宿。(　)

10. 尊重父母的意见，虚心听取父母的指导，经常把生活、学习、思想情况告诉父母。(　)

主持人：下面咱们再看一些图片。

(媒体辅助：展示几幅发人深思的漫画图片，指出社会上一些有损道德的事例。)

学生活动：参与讨论，联系实际列举我们生活中一些缺乏公德的例子。

主持人：文明始终是我们社会发展的主流。相信大家在平时也见过不少体现了我们良好道德素质的事情，下面就请同学们积极发言，谈谈你见过的好人好事，也可以提出你对道德方面某些事情的看法，或者谈谈你有何感受，或者说说我们该怎么办。

学生活动：参与讨论，踊跃发言。

主持人：我们已经听过了许多同学的精彩发言，可是，老师们又是怎么看的呢？下面就请老师们也从老师的角度发表一下她们自己的看法吧！

主持人邀请老师参与讨论。

主持人：我们的经济生活好起来了，物质条件充裕起来了。但是，一个民族的进步是否就是指人们脱下破衣裳穿上了洋装？是否会讲一口流利的外语就是走向了世界？

当然不是。一个穿洋装却随地丢垃圾的人还是遮不住他的猴子尾巴，一个能讲一口流利外语却道德败坏的人依然是社会渣滓。同理，一个国家一个民族的真正强大，除了要有先进的物质文明，还要它的国民有良好的思想道德素质。

随着国家的发展，社会对人才的要求也日益提高。我们都希望为国家的富强贡献力量，可是仅有专业知识是远远不够的，我们还要具备良好的社会公德。只有这样，我们才是文明的现代人，我们的社会才是个文明的现代社会。

主持人：俗语有云，一滴水可以反映太阳的光辉。同样的，我们随便的一句话、一个动作乃至一个眼神，可能就在世界人民面前折射出我们中国人的文明程度，可能让人一眼就看透了这个民族的本质。我们都要努力提高我们的道德水平，正如刘颂豪院士所说的做一个在社会上“加分数”的高素质人才。因此，同学们，让我们从现在做起，从身边做起，以德律己。

（画面：讲究公德，请从身边小事做起！）

主持人：同学们，大家都列举了一些日常生活中的缺乏公德的例子，也讲了一些值得我们学习的好人好事。在公德方面，我们班做得很好，比如：我们班的自习课纪律很好，每位同学都在认真学习；教室卫生整洁，有一个安静的舒适的休息环境；我们班的师生关系、同学关系很和谐，大家都合作愉快；等等，这些都是日常生活中点点滴滴的小事，所有这些做法，看似简单，但体现了道德建设的真谛，就是从行为养成入手。公德本身并不是空泛的，而是具体的，这些具体的事情，似乎只是微不足道的小事，却展现着一个班、一个学校学生的总体素质，展现着一个城市市民的总体素质，展现着一个地方公民的道德水平。要做一个合格的公民，就必须遵守社会公德，必须从身边小事做起。

养成良好的行为习惯，让我们成为文明礼貌、助人为乐、爱护公物、保护环境的好公民，让我们的社会更加和谐、更加美丽。

主持人：相信同学们已经立志要做一个有道德、讲文明的好公民、好学生了，那么，让我们拿出勇气，庄重地许下诺言！身为一名新世纪的高中生，相信我们今天的承诺，会成为我们终生的追求！做一个有理想、有道德的人，为学校增光添彩！

主持人：班会到此结束。

班会反思

公德是一个人道德的基本要求，注重公德是个人品德得以提升的前提。离开公德谈私德是站不住脚的，所以要先讲公德。通过这次班会学生不仅学到了知识，了解了更多的道德规范，同时也对自己身边的不讲公德的现象进行了认识，从而能够努力做一个德行高尚的人。

贱而好德者尊，贫而有义者荣。
——贾谊

知荣辱，做新人

随着外来思想文化的大量涌入，社会环境的急剧转型，信息技术的飞速发展，人们的生活方式、思想观念和价值取向都发生了很大的变化。这些变化冲击着我们优秀的传统道德和高尚的价值观念，也使广大青少年的道德价值观在某种程度上出现了模糊，一小部分人表现出美丑莫辨、善恶不分、是非混淆的倾向。未成年人犯罪率持续上升，问题学生屡屡暴露，孩子们比吃、比穿，比谁的父母官大钱多的现象普遍存在。在这样的现实背景下，胡锦涛总书记及时、鲜明地提出要坚持“八荣八耻”的社会主义荣辱观，具有现实而深远的意义。以社会主义荣辱观统领社会公德的建设与培育，以“八荣八耻”引导青少年的思想道德教育，对于青少年的健康成长乃至整个社会的健康发展都具有重大而深远的

战略意义。

希望通过对社会主义荣辱观的学习，使学生们加深对“八荣八耻”思想的理解。并在提高认知的基础上，树立正确的人生观、价值观和荣辱观，能够为建设社会主义现代化强国承担自己的责任。

班会过程

一、班会程序

1. 上课前的准备歌曲《八荣八耻》（循环播放，营造气氛）。

2. 主持人引入主题。

3. 给出幻灯片，全班齐读声朗读“八荣八耻”内容。

4. 看漫画，识荣辱。用“八荣八耻”的内容给漫画定标题（采用个人回答）。

5. 小组汇报（分成四个组，采用种种形式，介绍“八荣八耻”相关故事或对其的认识）。

具体分工：

第一小组：配乐朗诵《我骄傲，我是中国人》。（表演者：陈同学）

第二小组：自创小品《新守株待兔》。（表演者：陈同学等）

6. 主持人对以上表演作小结发言，引出“班主任心语”。

7. 班主任心语。

8. 全班宣誓。（全体同学起立。）

9. 在音乐声中结束班会。

二、班会纪实

主持人：班会开始之前，我先给同学们唱一首七字歌谣。“爱国爱校爱集体，为了祖国齐努力。做人不能顾自己，服务他人记心里。好逸恶劳是耻辱，参加劳动要积极。勤俭节约不能忘，铺张浪费要摒弃。尊老爱幼是美德，团结友爱创美誉。诚实守信最重要，做人诚信要牢记。克服困难争上游，崇尚科学数第一。自觉遵纪又守法，不要违规又违纪。知晓荣辱会做事，争做文明小卫士。”不知道同学们听过这首歌谣吗？

同学们：听过。

主持人：对，这就是最近在校园里流行的“八荣八耻”七字歌谣。现在我们班的“知荣辱，做新人”主题班会正式开始。（幻灯片显示“八荣八耻”的内容）

主持人：中华民族是一个有着悠久的传统美德的民族。从耻食周粟的伯夷叔齐到不为五斗米折腰的陶渊明；从耻为亡国奴的文天祥到以做一个中国人而骄傲的吉鸿昌。再看看新时代那些当之无愧的道德偶像：保家卫国为打造雄师锐旅而鞠躬尽瘁的杨业功；在台风中为救落水者三次跳入巨浪的“侠之大者”河南小伙魏青刚；连续 12 年自强自立，带着妹妹上学的河南青年洪战辉……他们在当今这个时代演绎着无数可歌可泣的事迹，他们是中国的脊梁，他们弘扬着道德的旗帜，耸立起一座座人格的丰碑。今天，胡锦涛总书记又提出了“八荣八耻”的社会主义荣辱观，它为我们树立了新时期的道德观，它清楚地告诉我们：我们要做一个有道德的人，要做一个知荣辱的人。

主持人：下面咱们大家一起来看看这几幅漫画，并且请同学们给这些漫画起名字。（略）

主持人:同学们给这些漫画起的名字真贴切。下面陈同学要给我们朗诵首诗,有请。

陈同学:我朗诵的诗是《我骄傲,我是中国人》。(略)

(同学们鼓掌)

主持人:听了陈同学的精彩朗诵,下面我们来欣赏一个有咱们班同学亲自创作的小品——《新守株待兔》。(内容略)

主持人:怎么样,咱们班自导自演的小品很精彩吧!班会进行这么长的时间了,现在请我们的班主任说两句。

班主任:同学们,周恩来总理,他一生服务人民,鞠躬尽瘁,死而后已。钱学森,中国导弹之父,美国说他抵三个师,在新中国成立后毅然回到自己的祖国。李四光,当外国专家定论中国没有石油时,他自信地说:科学证明中国有储量丰富的油气。焦裕禄,将灾难中的兰考人民紧紧团结起来,与风沙盐碱战斗到生命最后一刻。孔子,早在 2000 多年前就教育他的弟子要诚实。在学习中,知道的就说知道,不知道的就说不知道。他认为这才是诚实守信对待学习的正确态度。这些鲜明的事例告诉我们,不管是过去,今天还是将来,荣辱观念的根本就是如何学会做人,做一个对社会负责,对祖国人民有贡献的人。

有人说,一个国家有什么样的孩子,就有什么样的未来。我们青少年是祖国的明天,肩负着祖国的未来,更应该知荣辱,辨荣辱,自觉做为荣之事,反对做为辱之行。在家做一个好孩子,在校做一名好学生,在社会做一位好公民。

青春是首悠扬的歌,歌手是你和我;青春是只扬帆的船,舵手是你和我;青春我们期待也渴望;青春我们迷茫也彷徨;青春我们激昂也内敛;青春我们自信也含蓄;青春我们孤寂也落寞;

青春，无论是醉心迷人的笑、还是默默犹豫的痛，不经意间都在编织着最动人的风景。

同学们，今天让我们在浩瀚的理想之海中，扬起追求的风帆，高举“八荣八耻”的道德旗帜，弘扬优良传统，从现在做起，从身边的小事做起，那么，我们一定会成为祖国明天的栋梁！

主持人：感谢班主任老师的讲话。现在我们向老师发誓：作为时代新青年，我们立志树立正确的社会主义荣辱观，热爱祖国、服务人民、崇尚科学、辛勤劳动、团结互助、诚实守信、遵纪守法、艰苦奋斗、勤奋学习、勇担责任，为祖国腾飞、民族振兴而努力拼搏！

主持人：今天我们的班会到此结束！

班会反思

在青少年思想教育中贯彻“八荣八耻”，不仅要有明确的现实针对性，还应从生活细节出发，以道德养成与自觉践行为归宿。教育领域要把“八荣八耻”融入到素质教育中去，教师要结合时代特点，用学生喜闻乐见的方式做好他们的思想政治教育工作，特别是加强对他们的爱国主义教育，帮助他们树立正确的世界观、人生观和价值观。

家庭、社区和社会团体应该广泛开展参与性强、贴近青少年情感世界，弘扬树正气、批歪风的主题活动。网络更应该加强管理和规范，用健康、快捷、高雅的知识和娱乐作品来引导青少年追求真善美的人生境界，促进青少年的健康成长，也促进社会主义的思想道德体系建设。

第四编

明礼诚信

人无信不立,市无信不兴,国无信不强。诚信作为一项为人处世的基本准则,已经成为社会文明、经济繁荣和国家强盛的重要标志。现在青少年学生是未来社会的建设者和接班人,培养其良好的诚信品质,对社会的进步与发展具有积极的意义。

人而无信，不知其可也。
——孔子

诚信，在我心中

人无信不立，市无信不兴，国无信不强。诚信作为一项为人处世的基本准则，已经成为社会文明、经济繁荣和国家强盛的重要标志。现在青少年学生是未来社会的建设者和接班人，培养其良好的诚信品质，对社会的进步与发展具有积极的意义。但是，多年来，因受社会、家庭、学校等方面失信因素的影响，在青少年学生群体中也出现了日益严重的诚信危机。

班会过程

一、班会程序

1. 由班长朗诵一段话，引入班会课主题。

2. 讲故事：曾参杀猪、从小讲诚信、一壶水的故事、孔子的取舍、吴起言必信、卢梭的忏悔。

3. 有关诚信问题的讨论。

4. 诚信格言大比拼。

5. 做游戏，谈感想。

二、班会纪实

班长：诚实，即忠诚老实，不隐瞒自己的真实思想，不掩饰自己的真实感情，不说谎，不作假。守信，就是讲信用，讲信誉，信守承诺，忠实于自己承担的义务，答应了别人的事一定要去做。《中学生日常行为规范》中特别规定：中学生应该守信，答应别人做的事要按时做到，做不到时要表示歉意。我们今天的班会课现在开始。

主持人甲：21 世纪是信息社会，信息化浪潮汹涌而至，加速推进信息化进程已成历史必然，而社会的全面信息化又是建立在良好的社会诚信体系之上，没有诚信，信息化无从谈起。

主持人乙：那什么是诚信呢？

主持人甲：诚，即真诚、诚实；信，即遵守承诺、讲信用。诚信的基本含义是受诺、践约、无欺。通俗表述，就是说老实话、办老实事、做老实人。人生活在社会中，总要和他人及社会发生关系。处理这种关系必须遵守一定的规则，有章必循，有诺必践；否则，个人就失去了立身之本，社会就失去了运行之规。诚实守信是中华民族的传统美德。几千年来，“一诺千金”的佳话不绝于史，广为流传。

在我国古代就有很多讲诚信的小故事，如“曾参杀猪”示诚信。

主持人乙：下面请听故事——“曾参杀猪”。

同学：曾参，春秋末期鲁国有名的思想家、儒学家，是孔子门生中七十二贤之一。他博学多才，且十分注重修身养性，德行高尚。

有一次，他的妻子要到集市上办事，年幼的儿子吵着要去。曾参的妻子不愿带儿子去，便对他说：“你在家好好玩，等妈妈回来，将家里的猪杀了煮肉给你吃。”儿子听了，非常高兴，不再吵着要去集市了。

这话本是哄儿子说着玩的，过后，曾参的妻子便忘了。不料，曾参却真的把家里的一头猪杀了。妻子从集市上回来后，气愤地对丈夫说：“我是哄儿子说着玩的，你怎么就真把猪杀了呢？”曾参说：“孩子是不能欺骗的！他不懂事，还没有辨别能力，接触到的是父母，所以什么都跟父母学。你现在哄骗他，等于是在潜移默化地教他学会欺骗。再说，你现在欺骗了孩子，孩子以后自然也就不相信你了，你以后还怎么教育孩子？”

在我们的生活中，老师、家长在我们很小的时候就给我们讲了许多诚信的小故事。诚实是一种作风，一种实在，一种可靠，诚实守信的做人做事光明磊落。那种准则的含义已超出了本身，也包含着人类的理想和精神。

主持人甲：时代的进步推动着观念的更新。随着社会主义现代化的发展，社会生活巨大而深刻的变化赋予诚信这一传统美德日益丰富的时代内容，也促使人们对诚信的理解从伦理道德的范畴提升到制度建设的层面。诚信不仅是一种品行,更是一种责任;不仅是一种道义,更是一种准则;不仅是一种声誉,更是一种资源。就个人而言,诚信是高尚的人格力量;就企业而言,诚信是宝贵的无形资产;就社会而言,诚信是正常生产生活的秩序;就国家而言,诚信是良好的国际形象。

主持人乙:接下来请同学们讲讲古今中外"诚实守信"的故事。

1. 从小讲诚信。

2. 一壶水的故事。

3. 孔子的取舍。

4. 吴起言必信。

5. 卢梭的忏悔。

(过程略)

主持人甲:听完了这么多的小故事,那么我们在生活学习中该怎么做呢?

问题1,诚信是一种理想化的美德,现实生活中做不到,讲诚信者往往吃亏,这种说法对不对?请谈谈你的看法。

问题2,有人认为,自己是讲诚信的,但别人不讲,我也只好不讲了,这种说法对不对?请谈谈你的看法。

问题3,我们应该在哪些方面做到诚信?

问题4,诚信应如何培养?

主持人乙:同学们都知道多少有关诚信的格言呢?

1. 民无信不立。(孔子)

2. 人背信则名不达。(刘向)

3. 如果要别人诚信,首先要自己诚信。(莎士比亚)

4. 诚实是人生的命脉,是一切价值的根基。(德莱塞)

5. 失去了诚信,就等同于敌人毁灭了自己。(莎士比亚)

主持人甲:我们来做一个小游戏。

(有关诚信的,略)

主持人乙:游戏做完了,同学们有什么感想呢?

主持人甲:诚信,对于人类,或者,说得具体一点,对于我们每一个个体,都是极其重要的为人准则。诚信之于生命,正如同珍珠之于贝壳,晶莹剔透而凝重;如月亮之于夜幕,明亮皎洁;如山雀之于森林,生机盎然。这凝重,这皎洁和这盎然的生机,一直被诚信的美德所带领着、引导着、感动着。

不能忘记《皇帝的新装》里的那个小男孩,那天真的话语和发自内心的真言,曾一度令我惊诧而感动。很多时候,我们往往会被外在因素所左右,还不如一个小孩子那般诚实如一。

主持人乙:诚信的力量塑造了多少优秀的自我,它已不仅仅是一种为人的准则,它更是一种勇气、一种责任,砥砺着精彩的生命。

曾经有个反越战时杀了警察的激进分子,逃亡了 23 年,成为一家大酒店的老板并拥有两个优秀的儿子后,居然投案自首。当记者问他为什么要这样做的时候,他说了一句令记者震动的话:“曾经,我逃避自己,面对的是生活;今天,我回到自己,面对的是生命。”是啊,一个人可以因为逃避,因为隐瞒,因为虚伪,而有许多种不同的生活,而真真实实的生命只有一个!只有诚信的力量才能让你的生命永远绽放出最真实、最淳朴、最灿烂的光芒。

看看吧，诚信何其可贵，何其重要。诚信不可抛！唯有诚信，才能让你的生命如一股清泉，沁人心脾，永不枯竭！

班会反思

诚信，是全社会关心的话题。其实，在道德认知上，学生们是能够作出正确的判断的；但往往在道德实践上，学生们就未必能遵守道德准则了。这次活动，不仅要让学生们在头脑中树立起诚信的意识，更重要的是提醒学生们在实际生活中以诚信的准则来约束自己的诸多行为。这次活动比较受学生们的欢迎，其主要原因是：活动有较强的现实意义，同时活动又有较活泼的形式。希望今后能多搞这样的活动，真正提高学生们的道德素质。

人无礼则不生，事无礼则不成，国家无礼则不宁。

——荀子

文明从我班发起

文明是一个古老的话题,如何让它出新意,如何让学生真正把握,还要求发动学生的力量,让他们用自己的方式解释文明,用他们的行动体现文明。

班会过程

一、班会程序

1. 四位主持人献词,班会开始。
2. 表演小品《文明你我他》。
3. 表演流行歌曲《文明流行风》。
4. 相声《讲礼貌》。

5. 时装秀表演。

6. 诗歌朗诵《歌颂文明》。

7. 大合唱《美好总在文明后》。

8. 讨论文明的感受和行动。

9. 发出倡议,签字活动。

10. 宣布班会结束。

二、班会纪实

A:诗人说:只要文明的绿叶不凋落,欢笑就能常留在我们身边。

B:亲爱的朋友,你可知道,会心的一笑,一声问候,一个鞠躬,有着心照不宣的默契,在记忆中将铭刻为永恒。

C:生活的每个日子,都是内容不同的一本书,风格迥异的一幅画,而文明就是书中最精彩的一段,画中最美的一笔。

D:让我们以生活作笔,真情作墨,画出最美丽的风景,抒写一曲生动的文明之歌。

合:“文明从我班发起”的主题班会现在开始。

A:文明像一把神奇的钥匙,可以打开心灵的迷宫,它的光芒照亮了周围的一切,给世界增添了殷切的希望和奇妙的幻景。文明是一种无声的亲切的语言;文明是一种无声的动人的音乐;文明永远是生活中最明亮的阳光。朋友,你手中是否正攥着这样一把神气的钥匙呢?请欣赏小品《文明你我他》。

学生表演小品《文明你我他》。(略)

B:小品《文明你我他》中各种不文明行为在我们的生活中

屡见不鲜。那么，请问大家：你又是怎样看待这种行为的呢？

主持人主持讨论。

C：“人非圣贤，孰能无过。”或许你还徘徊在文明的十字路口；或许你还在为一点坏习惯而耿耿于怀；又或许你已沉沦在不雅与庸俗的世界中……但这一切都不重要。“只要功夫深，铁杵磨成针。”让我们用心期待，用行动证明总有一天，文明会成风！请听《文明流行风》。（略）

D：同学们的奇思妙想创造了风格独特的《文明流行风》。我们衷心希望：在不久的将来，它会成为校园里最流行的歌曲。

A：高尚的情操，拒绝的不是温和，而是粗鲁；完善的人格，拒绝的不是高雅，而是庸俗。

中国是四大文明古国之一，作为炎黄子孙，我们有责任将文明发扬光大。因为无论在何处，文明的谈吐都是最清碧的交流。下面请欣赏相声《讲礼貌》。（略）

B：同学们，当你们面对琳琅满目的衣服时，你们会选择何种款式呢？是宽松舒适的运动服，大方得体的休闲装，还是前卫绚丽的奇装异服？一个学生的穿着打扮，是他形象的象征。选择哪种服饰，值得我们深思。请欣赏我们为大家精心准备的时装秀，或许从中你就能找到答案。

时装秀表演。（略）

C：时代在进步，文明在成长。风格迥异的时装告诉我们：文明一直在我们身边，虽然它曾一度被冷落，但在经过时光的洗礼之后，长大的我们已经学会了用成熟的思想去思索文明的意义，我们都知道了拥有文明的岁月才是最美的，我们开始懂得去欣赏文明。下面请听诗歌朗诵《歌颂文明》。

诗歌朗诵《歌颂文明》。(略)

D:一个不懂文明的人是很难进步的,而一个不懂文明的民族是很难真正获得解放的。所以,我们应从自身做起,担负起一份自我改良的责任,让文明常存于我们一言一行中。因为拥有文明,也就拥有了美好的一切!下面听大合唱《美好总在文明后》(改编)。

合唱(略)。

B:做文明的人是一种无所失落的选择,是对宇宙秩序与人类的深刻理解。因为文明本身就是轻松、洒脱、实在,“给我一个支点,我可以撑起地球!”文明有时就像这位伟大的科学家所说的那样不可思议。

下面请大家谈谈文明的感受和措施(讨论)。

发出倡议,签字活动。

A:文明,一个简简单单的词,但却不是一件简单的事。做文明的人需要真诚,需要坦率,需要求实,需要不断舍弃心灵的累赘和种种执迷。

B:做文明的人是自己的行为对生活中一些最伟大的词汇做简洁明了的注释:友爱、和睦、团结……

C:是文明融化人们内心坚冰炽烈的怒火;是文明化解了芝麻绿豆引起的纷扰;是文明换来了静美怡人的生活。

D:让世界多一些微笑,少一点冷淡;多一份安宁,少一点纷扰。让文明的暖风吹遍神州大地,化解情感隔膜的冰霜。

合:让我们携起手来,从自身做起,从小事做起。《文明从我班发起》主题班会到此结束。

从人类社会的进程看，文明是人类社会的进步状态，是人类在实践活动中形成的成果。我们可以说，文明的实行是社会进步的体现，也是物质和精神文明的标志，更是实现社会进步的有效途径。

时装秀和老歌改版是本次班会的亮点，这次班会不是用已有的文明规范来训导学生，而是通过学生自己的表演来诠释文明，相信学生们对文明的理解是深入的、别开生面的。

衣食以厚民生，礼义以养其心。

——许衡

建文明学校，做文明学生

明礼诚信这一做人的基本原则，是一个文明学生的基本要求。而校园中还有一些不文明的现象，如乱扔乱丢乱吐等。为了帮助学生们更好贯彻“明礼诚信”这一做人的基本原则，作一个有优良品质的文明学生，结合校园中文明与不文明的现象谈谈自己的观点，同时向学生发出倡议：希望大家做一名值得自豪的文明学生。

班会过程

一、班会程序

1. 主持人宣布引出主题。

2. 同学讨论发言谈身边的不文明现象。

3. 小品表演。

4. 讨论如何做文明学生。

5. 班长宣读倡议书,班会结束。

二、班会纪实

主持人:老师,同学们,大家下午好! 今天我班在这里开展主题班会,希望大家相互配合,积极发言。下面班会正式开始。

从踏进这个校园开始,每天我们呼吸着馥郁的芬芳,采撷着知识的花粉。校园需要每个人共同努力来建造,需要我们做一群文明的学生。

那么我想问大家,你们文明吗? 到底什么是文明,那么,我们就先来谈谈我们身边存在着有哪些不文明现象。

同学甲:同学们乱扔乱丢乱吐现象十分严重,扔纸片、扔包装袋、扔纸盒、扔饮料瓶,更不文明的是走着,吃着,吐着,扔着,特别是有些女同学大口大口吃着东西,边走边吃边扔边吐,看看楼梯、楼道、阶梯教室。有的同学上课吃瓜子;还有的同学随地吐痰,教室里、课桌下,鼻涕到处抹。(边说边表演,全班大笑)

同学乙:我们身边破坏公共财物也十分严重。举两个例子,班上的劳动工具领回来不到两天就已经“四分五裂”了,还有很多同学的课桌都画了“大花脸”。(一些同学默不作声)

同学丙:还有一些同学欺负弱者。同情弱者,是中国的人之常情,但有的同学以大欺小,以强凌弱,特别是欺负那些弱者,甚至乱起绰号,以别人的残疾来取笑,有的人还给教师或班主任起绰号。

主持人:刚才同学们说的这些都是大家平时经常看到的不文明的现象,并且这些都是要不得的。下面请欣赏小品《碰撞以后》。

第一场:两位同学,其中A站在窗前欣赏校园风景,悠闲得很。B走过身旁时,正好A转身,无意相互碰撞,便互相出言不逊,后厮打起来。此时,班长瞧见,批评双方,才得以和解。

主持人:在日常生活中,类似这种因小事而导致事态扩大的事件时有发生。这既有损于自己的形象,又损害了集体的荣誉。如果他们碰撞以后,采取另一种方式,又会是如何呢?请大家看第二场。

第二场:A碰撞B后,A先微笑地说:“对不起!”B再微笑地说:“没关系!”礼貌和解。

主持人:小品《碰撞以后》给我们留下了许多思考。特别是第二场,双方采用了微笑的表情和礼貌的语言,从而化干戈为玉帛,可见我们日常生活中的“微笑”和“文明礼貌”是何等的重要。那么,我们如何做一个文明的学生呢?

同学A:文明就文明在言行上。文明言行主要是三管好。管好你的嘴,不要骂人,不讲脏话,不起绰号,不乱吐;管好你的脚,不要乱走、乱踢、乱蹋、乱踩;管好的你的手,不要乱扔乱丢,不要随便伸手拿别人的东西,不要打人,不要损坏公共财物,不要乱采乱摘。

同学B:做文明学生,人人从我做起。如果我们每个人都做文明人,我们的学校就会成为名副其实的文明学校。

同学 C：我们不仅要做文明人，做有教养的人，做受人尊敬的人，还要敢于同不文明人作斗争，帮助不文明人改正不文明行为。

主持人：下面我们请班长来宣读倡议书。

（班长宣读倡议书）

我们每个人在这里求学，都有一个追求，都有一个理想，都有一个志向。如果说学校是一片沃土的话，我们要在这里把我我们的耕作变成果实，实现我们的追求；如果说学校是一根拐杖的话，我们要拄着这根拐杖攀登高峰，实现我们的志向；如果说学校是一只展翅飞翔巨鸟的话，那它会承载着我们的希望去实现我们的理想。学生们要做一个文明的人，一个诚实的人，一个守纪的人，做一名文明的中学生，为学校做一点事，为学校建立良好的形象。

通过这次活动，学生们认识到身边还有很多不文明的现象，自己身上还有一些不文明的行为需要改正。而且这次活动之后，班级环境得到明显改善，同学们更加团结向上。

第五编

增强自信

自信是一艘船，没有自信，便难以在海上行驶。自信是一只鸟，没有自信，就不能唱出悦耳的歌声。自信是一把琴，只有自信，才能弹奏出美妙的歌曲。生活充满自信，生命才会更加精彩。

自信是成功的第一秘诀。

——爱默生

新学期，我能行

经过了一个寒假休整的学生们精神饱满地背着书包步入校园，共同迎接又一个新的开始。在新学期的开始，每个同学对未来都充满着希望和憧憬。在此情况下，召开这个班会，希望学生们做好切实可行的学习计划，鼓励学生学习的热情，增强学生自信，使学生懂得，只要通过自己的努力，就一定能成功，学习更上一个台阶，让学生们在活动中感受成功的喜悦。

班会过程

一、班会程序

1. 从一些话题入手引出班会主题“新学期，我能行”。

2. 讲述张海迪的故事：活着就要做个对社会有益的人，然后组织同学讨论。

3. 小品：考试。

4. 比赛。

5. 宣誓仪式。

6. 班主任总结。

7. 宣布班会结束。

二、班会纪实

主持人：同学们，新的学期开始了，新的开始，新的希望。今天在开学的第一个星期里，我们召开新学期的第一个班会。“新学期，我能行”主题班会现在开始。

主持人：下面我们先听一个故事。

同学：张海迪，1955 年秋天在济南出生。5 岁患脊髓病，胸以下全部瘫痪。从那时起，张海迪开始了她独特的人生。她无法上学，便在家自学中学课程。15 岁海迪跟随父母，下放山东聊城农村，给孩子当起教书先生。

在残酷的命运挑战面前，张海迪没有沮丧和沉沦，她以顽强的毅力和恒心与疾病作斗争，经受了严峻的考验，对人生充满了信心。虽然没有机会走进校门，但是她却发奋学习，学完了小学、中学全部课程，自学了大学英语、日语、德语和世界语，并攻读了大学和硕士研究生的课程。1983 年张海迪开始从事文学创作，先后翻译了《海边诊所》等数十万字的英语小说，编著了《向天空敞开的窗口》、《生命的追问》、《轮椅上的梦》等书籍。其中《轮椅上的梦》在日本和韩国出版，而《生命的追问》出版不到半年，已重印3次，获得了全国“五个一工程”图书奖。在《生命的追问》之前，这个奖项还从没颁发给散文作品，而且她还写了一部长达30万字的长篇小说《绝顶》。从1983年开始，张海迪创作和翻译的作品超过100万字。

为了对社会作出更大的贡献，她先后自学了十几种医学专著，同时向有经验的医生请教，学会了针灸等医术，为群众无偿治疗达1万多人次。

1983年，《中国青年报》发表《是颗流星，就要把光留给人间》，张海迪名噪中华，获得两个美誉，一个是“八十年代新雷锋”，一个是“当代保尔”。

张海迪怀着“活着就要做个对社会有益的人”的信念，以保尔为榜样，勇于把自己的光和热献给人民。她以自己的言行，回答了亿万青年非常关心的人生观、价值观问题。邓小平亲笔题词：“学习张海迪，做有理想、有道德、有文化、守纪律的共产主义新人！”

主持人：故事听完了，现在我们来讨论一下张海迪成功的原因。

同学们讨论（略）。

主持人：生活中有些人因为自己不努力，闹出了不少的笑话，值得我们同学们深思，请看表演。

大概内容如下：考场中，大家都在聚精会神地考试，只有小路东看看，西瞧瞧，嘴里不停地念叨着：“这太难了，怎么做啊？”“老师也专和我过不去，就出一些判断、选择的，让我一个字也写不出，这可怎么办呢？”“有了！”小路从裤兜里掏出一枚硬币，

"我会做了,如果正面朝上,我就打√,如果反面朝上,我就打×,不会错的,上天一定会帮助我的!"于是小路一边掷硬币一边做题,一下子十道判断题做完了。开始做选择题了,小路又傻了,"每道题有四个答案,这可怎么办呢?"小路痛苦地抓着脑袋。"有了,真是天助我也!"小路又从裤兜里掏出一粒骰子,"我扔骰子,现什么号码我就填什么!"他一边掷,一边写:"2""1""4""6"……

"哈,终于做完了!"小路得意地向同学们做着鬼脸,走上讲台,把试卷交给了老师。

下午放学,小路带着试卷回家。他推开门,爸爸正坐在沙发上吃苹果。爸爸问他:"小路,考得怎么样啊?"

小路正想给爸爸说话,顺口说着:"爸,12。""82,不错,不错,你真是个好孩子。""快,宝贝,把试卷给爸爸看看!"小路慢腾腾地从书包里拿出试卷把它递给了爸爸。"什么?才12分?这是怎么回事,不是82分吗?""我刚才是说12分。"小路慢慢地说。爸爸气得把试卷翻来翻去,"你看这道选择明明只有四个答案,你为什么选6呢?""骰子出现的是6啊!""什么,你靠掷骰子做题!真是气死我了!看我不打死你!"爸爸满屋追着小路……

主持人:小品看完了,那么你从这个小品中懂得了什么?

同学讨论(略)。

主持人:事实上只要我们努力,有方法,我们就一定能成功,下面我们进行一个"记电话号码"比赛。

比赛规则:老师给每一小组的同学出示一组电话号码(10

个）,1 分钟之后,看哪一小组能准确地把电话号码背出来,逐组进行,哪一组背得最多,哪一组胜利。

比赛进行两次,第一次不给任何提示,让学生背。第二次提示学生可以先分好任务,想出好主意（如谐音记忆）再进行比赛。

主持人:同学们通过比赛懂得了什么?

同学:只要团结协作,做好安排,无论什么事情都能成功。

主持人:同学们,咱们一起宣誓:在新的学期里,要严格执行自己的计划,努力奋斗,学会学习,学会生活,学会做人,一定要取得好的成绩!

班会反思

居里夫人说,自信是一切成功的基石。的确,连自己都没有信心去做好的事情,很难会取得成功。世界上有一批虽身处逆境,但充满自信,自强不息,奋斗向上,最终获得辉煌成就的人。古希腊著名演说家德摩斯梯尼,原先患有口吃病,幼年结巴,语音微弱,演说时常被人喝倒彩。但他始终对自己充满信心,为了克服疾病,每天清晨口含小石子,呼喊练习,最后终于成为口若悬河、辩驳纵横的演说家。

美国著名的女作家海伦·克拉,幼年因病造成又聋又瞎。她自信自强,14 岁学习多种外语,通晓德、法、古罗马、希腊文学。20 岁考入著名的哈佛大学。后来成为著名作家。

德国著名天文学家开普勒,4 岁时出天花,留下一脸麻子，后又患猩红热，高烧坏了眼睛，成了高度近视，终身受疾病折磨。但他从未失去自信，在贫病交加中大无畏斗志昂扬多年。他发现了行星运动三定律，为牛顿发现万有引力打下基础。重要著作有《宇宙的神秘》、《哥白尼天文学概要》和《宇宙谐和论》等。

塔哈·候赛因，埃及作家，文学评论家。三岁时双目失明，但他顽强自信，留学法国，成为埃及历史上第一位博士。作品有小说《鹧鸪的叫声》、《不幸的树》、《失去的爱情》和自传性的《日子》等。还写有文学评论《前伊斯兰时代的文学》和《阿拉伯文学史》等大量作品，被誉为“阿拉伯文学支柱”。在逆境中不失自信，古今中外屡见不鲜。

班会形式多样，能够激发学生的兴趣，调动学生的情绪，树立学生学习的信心。

有信心的人，可以化渺小为伟大，化平庸为神奇。

——萧伯纳

充满自信，争创美好未来

高中的学习与生活相对于初中的变化很大，学习更加紧张，生活更加忙碌，而刚刚升入高中的同学对新发生的变化不适应。这些不适应表现为有的同学学习目的不明确，有的同学很不自信，针对这种情况搞了这次让学生充满自信的主题班会。

班会过程

一、班会程序

1. 班主任致辞。
2. 男女主持人发言，宣布主题班会开始。
3. 全班同学起立鼓掌。

4. 全班合唱明天会更好。

5. 小品。

6. 讨论。

7. 宣布结束。

二、班会纪实

班主任:我们班是一个团结友爱,上进的班级,同学之间的感情深厚。为了我们在以后的日子里更好地学习,深刻了解自信重要性,我们班特地搞了这次主题班会。下面我宣布主题班会现在开始。

主持人:充满自信,争创美好未来的主题班会现在开始。

(全班同学起立鼓掌。)

主持人:下面请听歌曲《明天会更好》。

(A 充分利用电脑,VCD 带唱)

主持人:感谢 A 同学的精彩演唱,下面请看小品。

(小品内容省略。)

主持人:我有一个问题想问问大家,同学们有谁认为自己是一个自信的人请举手。

(只有十来个同学举手。)

主持人:那另外的同学可以说说你们不够自信的表现及不良影响吗?

1. 自信的重要性(板书)

主持人:下面我来说几个例子。

居里夫人凭着对自己科学假设的坚定信念,在艰苦的条件下从几吨沥青中提炼出一克的镭;爱迪生在寻找一种材料做电灯丝时,曾千百次失败,被人讥笑,如果他不是对自己充满信心,就不可能坚持实验;1998 年世界杯外围赛亚洲区十强赛中,中国队由于缺乏自信导致“进军世界”的梦想再次粉碎,而卡塔尔队处于四战只得一分的劣势之下依然有争强斗胜的心,毅然换了教练,对队伍稍作调整后就取得了三连胜的辉煌战绩。中卡两队鲜明对比再次验证自信的重要性。

主持人:下面请刚才认为自信举手的同学谈一下自己的体会。

(略)

主持人:通过以上由远而近,由名人到身边的同学等几个例子,我们深深体会到了成功首先要自信。

2. 自信的表现(板书)

主持人:下面大家先看一个小表演——谁是自信者?

内容介绍:班上举行文艺晚会,她们是我们班上最能歌善舞的同学,我作为文娱委员当然要请她们在晚会上表演一两个节目。

文:小 A,你这么能歌善舞,能在晚会上表演一个节目吗?

A:哎哟,我这歌喉和舞姿哪能见人呢,不要叫我出丑了。

文:你被这么谦虚,班上的同学都很喜欢你的歌舞呢!

A:这是他们抬举我了,我哪有那么好的才能,而且我也没有这个胆量,你还是放过我吧。

文:那我也不勉强了。

文:小 B,你的歌舞也很出众,你愿意为我们作表演吗?

A:哎,谢谢你的称赞。有机会让我在班上表演我当然乐意了,而且这也是作为班集体的一分子的责任。我会尽力而为的!

文:谢谢你的支持。

文:小 C,你愿意参加表演吗?

C:表演是我的强项,表演当然是非我莫属啦!(指着 B)不过她和我同台表演似乎不太相配吧。

主持人:表演看完了,那么表演中的 A、B、C 分别是什么心理的表现?

同学们:A 是自卑心理,B 是自信,C 是自大心理的代表。

主持人:那么结合表演中的三个人物,同学们能概括出自卑、自信、自大的特点吗?

自卑——过低地评价自己,看不到自己的优点。(板书)

自大——过高地评价自己,看不到自己的缺点。(板书)

自信——恰当地评价自己的优缺点。(板书)

主持人:现在大家基本能判断自己是否是一个自信的人,如果不是的话如何着手建立自己的信心呢?

3. 建立自信的方法(板书)

在介绍方法之前先向大家提出一个问题:学习成绩不理想的同学如何建立学习信心呢?提出这个问题是因为很多同学进入咱们这个新集体后发觉周围强手如云,加上这次期中考试很多同学觉得成绩很不理想,于是学习信心发生了动摇。而学习信心对学习成绩有很大影响。请大家带着对这个问题的思考,看如何利用建立学习自信的一般方法来解决这个问题。

刚才我们在比较自卑、自信、自大时知道自卑的人往往看不到自己的优点，所以要克服自卑。建立自信首先要清楚自己身上有些什么优点、能力和特长。

4. 认识自己的优点、能力和特长(板书)

每个人都会有他特有的优点和特长，关键是自己能否认识到和把它们发挥出来，如何认识自己身上存在那些优点呢？大家要学会从多方位评价自己，把自己各方面的优点、长处一一罗列出来。请课后大家填好表格“我的优点”。具体详细地写出自己在学习能力、交际能力、文娱才能、体育强项、性格方面、动手能力和其他方面存在哪些优点和长处，写在自我评价一栏。再请父母、朋友、教师过目看有什么异议，写在他人评价一栏，达成共识，以保证自评优点的准确性。

当我们知道自己有这么多优点时信心自然会增强。通过“列优点清单”如果发现自己有过人之处就应制定计划发展这一特长，当我们知道自己有某一方面的优点一定要充分发挥出来。对自己不足的地方一定要改正。

主持人对班里出现的不良现象提出问题，由各小组抢答及打分。

宣布主题班会顺利结束。

每个人身上总会存在优点，存在某些过人之处，如果你懂得保持自信，订立适当的目标，付出真正的努力，满怀信心地向目标一步步行进，成功将会是属于你的。希望每个同学都有美好的未来。

第六编

责任意识

教育的终极目标是培养健全的人格，用人性的光辉照亮理想、温暖生活、美化社会。今天，我们培养的学生将面对世界、面对祖国，面对21世纪，如果从小以责任意识严格要求学生，增强对集体的责任感、义务感、荣誉感，那么他们长大后就能树立全心全意为人民服务的思想，以赤诚之心热爱祖国，为祖国做出奉献。

一个人若是没有热情，他将一事无成，而热情的基点正是责任心。

——列夫·托尔斯泰

我为集体争光

全班学生爱好广泛，博览群书，博学多才，人人或多或少地取得了一些荣誉，这一点的确值得赞赏。但是，在与他们长期的交往中我逐渐感受到由于他们时时事事都处于顺境之中，结果他们中的一部分人总是洋洋自得，趾高气扬，眼光总停留在自己的优点、别人的缺点上。另外，目前社会中以孩子作为家庭生活的中心所给孩子们带来的弊端也对他们有一定影响，致使他们中的一部分人集体意识较为淡薄，缺乏与别人合作及欣赏别人的精神。

希望通过此班会，让每一个学生在发现自己闪光点的同时，也看到别人的长处，懂得学人之长、补己之短；要让学生们懂得，正是由于几十个光芒闪烁的个体聚集在一起，才组合成我们这样优秀的集体；使学生明确，生活在集体中应处处以集体利益为重，珍视集体的荣誉，从自己做起，从点滴小事做起，为集体增光添彩。

班会过程

一、班会程序

1. 班会仪式。
2. 宣布开始。
3. 表演节目。
4. 教师总结。
5. 宣布结束。

二、班会纪实

主持人：《我为集体争光》主题班会现在开始。

班长：同学们，今天咱们召开我为集体争光主题班会，目的是为了让大家发现我们彼此的优点，互相取长补短。同时，我们每一位同学都应树立集体观念，在今后的生活中，我们要向那些为集体增添了光彩的同学学习，这样我们这个集体就会越来越进步。

主持人1：同学们利用课余时间搜集了大量有关学校历史的材料，了解到我们学校是一所有着悠久历史的学校。

请同学们介绍学校近年来取得的优异成绩。

学生A：我们学校是……

学生 B:我们学校是……

学生 C:我们学校被评为……

学生 D:艺术节比赛时,我校管乐团、民乐团和大、小舞蹈队均获得了好成绩。

主持人 2:听了这些同学的介绍,我们知道学校是一个先进的集体。在这样优秀的集体中有一个各个方面都很出色的班级,那就是我们班。

主持人 1:我们班呀,有许多同学在学校都是数一数二的,每当谈起这些同学,我们每个人都会为他们给集体增添的荣誉而骄傲。知道他们是谁吗?

学生 A:小张是运动健将,400 米测验成绩在全校名列前茅,在区运动会上获得过女子 400 米冠军。

学生 B:在区里绘画大赛上,小王是全校唯一的一等奖获得者。经她设计的板报,多次荣获板报评比特别奖。

学生 C:小李获我校基本素质技能朗诵比赛一等奖。

主持人 2:现在,咱们就请小李来谈一谈吧。

(小李手拿奖状,讲述了自己获奖以及领奖的经过)

每当我看到这张奖状时,脑海里总会浮现出许许多多的情景。

一天上午,全校同学都聚集在操场上,校长宣布卫生优秀集体并颁发流动红旗。接着学校老师走上台,神采奕奕地对着话筒高声宣布"我校基本素质技能朗诵比赛"获奖名单。我的心"扑通、扑通"地跳了起来,会有我吗?随着一阵阵的掌声,同学们扭着身子,伸长脖子寻找获奖者,我紧张得都出了汗。"小李！”是叫我吗？我以为自己听错了，不敢站起来。这时，旁边的同学干脆叫起来：“小李，快点，快上台领奖！”我三步并作两步跑上台去，颤抖着从老师手里接过奖状，我不是紧张，而是激动，是惊喜。

我不知道自己是怎么走下领奖台的。当我坐下来时，同学们都用羡慕的眼光看着我，一种从没有过的自豪感从心中涌起。

其实我是一个既胆小又害羞的女孩，是老师鼓励我参加这次朗诵比赛的，妈妈更是为我加油。可我总是觉得自己不行，没有勇气报名。老师说：“得不得奖没关系，重在参与。只要你认真准备，准能行……”我开始练习了，在学校一遍一遍地读，在家一字一句地背。老师一会儿鼓励：“大胆一点儿，自然、放松！”一会儿又摆着手说：“不行，重来！”为这我还掉过眼泪呢！有时老师看我有些累了，就让我坐下来，借机给我讲故事，其实是借机在给我打气，让我珍惜机会练胆量，练说话。老师和妈妈的心血没有白费，在练习的过程中，我越来越熟练，声音越来越大，姿势也越来越自然了。参赛的那天早上，妈妈微笑着对我说：“加油，你准能行！”

如今，这句话——加油，我能行成了我的座右铭，我一定能为集体增添光彩！

主持人2：像小李这样用自己的实际行动为集体增添光彩的同学，咱们班可是数不胜数呀！不信请看他们（指台上管乐团同学）。

我校管乐团自成立以来，培养了不少同学，也取得了相当辉煌的成绩。在这个出色的乐队中，有我班的就有5名成员，并有同学成绩优秀,已经成为主力成员。每当谈起此事,他们无不自豪地说(主持人手指台上,本班管乐团成员齐声说)——“我们是骄傲自豪的管乐队。”

管乐团同学演奏《我们是骄傲自豪的管乐队》。

主持人1:大家快看,咱们班的“舞蹈家”早就已经换好了演出服,下面我们就一起来欣赏她表演的舞蹈《撇扇》。

学生小赵随着悠扬的乐曲,自如地舞动着手中的绸扇,那过硬的技巧、娴熟的动作、优美的舞姿不时赢得同学们声声赞叹。

主持人2:琵琶,是民乐中学习起来难度较大的一种乐器。小赵同学已经学习四年了。由于她不是民乐队的同学,因此学习与练习起来都增添了许多难度。但她却以自己不懈的努力和刻苦的练习获得了比民乐队中其他同学还要优异的成绩,为我们的集体增添了光彩。

下面请欣赏小陈同学的琵琶演奏。

小陈同学演奏《春到沂河》。

主持人1:我们班的同学虽然不会弹琴,但是大家都很喜欢读书。你还记得咱们班从上学期起开展的古诗文诵读活动吗?起初,有一部分同学认为有一定的难度,但自从咱们班开展了“争当小诗人”的活动后,同学们积极性很高,谁也不愿为集体抹黑,大家互相帮助,团结合作,制定了学习计划,现在我们大家都已掌握了近百首古诗了。不信请看我们的古诗文诵读成果汇报吧!

主要内容:搞了个古诗文接龙。

同学们齐声说:“此项活动丰富了我们的知识,提高了记忆能力。又一次证实我能行，我们能为集体争光！”

主持人2：我们班的古诗文诵读活动真是形式多样，内容丰富啊！下面请咱们班的“书法家”们也给大家露一手。

二人书写“心向奥运”、“我为集体添光彩”。

主持人1：原来我们班有这么多能工巧匠呀！真是为集体锦上添花了。

主持人2：下面我们做一个游戏《猜猜他是谁？》。

学生G：有这样一个同学。在校内，他关心同学，在校外，他总是帮助左邻右舍排忧解难。

一天，学校组织了一次爬山活动。到了山脚下，爬山开始了。那天太阳火辣辣地烘烤着山坡，使人感到闷热难受。同学们一边往上爬一边高声地说笑着，心里都非常高兴。可是没爬多久，同学们就感到口干舌燥，于是同学们捧起水壶，拧开盖，“咕咚咕咚”地大口喝了起来。而他却不说也不笑，也不喝水，只是默默地向上攀登着。

中途休息的时候，小林同学走到他跟前，掂了掂他的军用水壶，小声对他说：“你的水壶怎么还这么沉啊？是舍不得喝吧！”

“需要水的时候还多着呢，我现在又不怎么太渴，现在能留一点就留一点吧。”他说。

小林心里想：他也真是的，都爬了一半了，怎么会不渴呢？有水不喝，真是个怪人。

等爬到了半山腰，小林的水壶已经见了底，还有不少同学也正摇晃着空水壶干着急。

快要到山顶了，可是他们也筋疲力尽了。小林再一次抱着希望想倒出一点水,可是水壶里一滴水也没有了。

正在这时,他快步走到大家面前,说:“谁要喝水?我这儿有!”

“我要!我要!”大伙一听,如获珍宝,一拥而上,把他紧紧地围了起来。

他打开了水壶,小心翼翼地向大家的杯子里倒水,此时此刻,小林才知道,他省下水来,是为了在最需要时,让大家润润嘴,鼓鼓劲儿,他想得多细呀!

不一会儿,他的水壶也空了,他端着最后小半杯水,走到小林跟前,递给了小林。小林望着他干涩的嘴唇,一句话也说不出了。

喝了水,同学们的劲头又来了,大家一鼓作气,登上了山顶。

同学们,你们猜猜他是谁?

主持人1:我们班像他这样的同学还多着呢!下面请听她的故事。

学生H:她是个好班长,同学们经常亲切地称呼她“雷锋”。她平常总是穿着朴素的衣服,但是她却有一颗高尚美丽的心。

小孔家着火了,一场无情的大火把她家的一切都烧尽了,那天小孔不能来上课。这时,她走上前,对同学们说:“同学们,小孔家里遇到困难,我们应该帮助他。下午同学们把自己的零用钱带来,好吗?”大家听了都点头表示赞同。

下午,同学们都来得很早。她看见同学们都进教室了,便拿了一只袋子来到讲台前,说:“好,同学们,我们现在开始捐钱。”团支书在一旁登记。“我先来,10元!”小张捐上了10元。“我也捐10元!”同学们都拥到讲台前,有的捐5元,有的捐8元。最后,只见她从书包里掏了一包鼓鼓的东西来到讲台前,同学们都用疑惑的目光望着她,望着她手中的东西。她到底要捐什么呀?她解开袋子,原来袋子里装的都是她要捐的钱。“啊,怎么这么多!”“快看,尽是零钱!”同学们纷纷议论起来。她,我们的班长共捐了38元!是班上捐的最多的一个!其实,她的好朋友小周最了解她这些钱是怎样省下来的。

有天天气炎热,老师带领同学们去游玩,同学们都热得满头大汗,真巧,路边有一家饮食店,同学们便争先恐后地涌进饮食店,有的同学买雪糕,有的同学买刨冰……看着同学们吃得津津有味,小周同学觉得更渴了。于是,对身边的班长说:“咱们也去买刨冰吃好吗?”但是她认为白开水更能解渴。无论小周怎么说,她总是摇头。当时,小周心想,她这人太小气,要不怎么连两角钱也不舍得花呢?

小周现在才知道,她并非小气,而是她把自己的零用钱积攒起来去帮助有困难的同学。

主持人1:同学们,咱们要向为集体做出贡献的这些同学学习,多做好事,争取为集体增添新的光彩,为集体争光。

班主任:参加了你们召开的主题班会,我真是感慨万千。老师为你们获得的荣誉而骄傲,更被同学们这些感人肺腑的故事所感动。我真心希望你们每一个人都能以我们集体的利益为重,多做好事,不断地为集体争光。

主持人合:《我为集体争光》主题班会到此结束。

班会反思

班会在高昂的气氛中结束了，但留下了耐人寻味的思考。学生是很有潜能的，这些潜能有待于老师进一步挖掘与发扬，使得学生的闪光点由小变大，汇集在一起组成光点闪烁的集体。在这样的活动中，学生可以扬长避短，增强集体荣誉感，树立为集体增添光彩的意识。这样，我们的孩子会逐渐全面发展，我们的集体也会更加向上。

良农不为水旱不耕，良贾不为折阅不市，士君子不为贫穷怠乎道。

——荀子

责　任

在市场经济条件下，人们的经济意识越来越强烈，这无疑会促进整个社会经济的迅速发展和物质文明水平的提高。然而在精神文明领域中也或多或少的存在着一些令人堪忧的现象：一些人失去了自我意识，只强调个人得失，随波逐流；人与人之间的“距离”越来越远，“关系”越来越冷漠；朋友之间少了真诚的友情，多了更多的索取；社会的细胞——家庭风雨飘摇，亲情剧减；集体意识与利益的日渐淡薄；人与自然之间的矛盾越来越尖锐，一方面一味向自然索取，另一方面又缺乏对自然的回报，保护自然环境的意识很差，致使人类生存环境面临着艰巨的挑战。

另外，在学生生活的小环境中，责任意识也亟待提高和加强。学生们学习上对自己要求不高、纪律意识淡薄、生活自理能力差、集体观念不强、责任意识弱、对自己生活的学校环境不爱护、维护意识差。针对以上的现象和问题，我们召开了此次班会。

在班级中开展以演讲形式为主的《责任》主题教育活动，以此加强同学们对责任的理解，对自己、他人及整个人类行为的反思。负责要从身边做起，从小事做起。

班会过程

一、班会程序

1. 主持人开场白引导进入主题。
2. 甲同学演讲《我们的责任》。
3. 乙同学演讲《一切从对自己负责开始》(配乐)。
4. 播放 MTV——周华健的《朋友》。
5. 丙同学演讲《对朋友的责任》。
6. 丁同学演讲《对陌生人的责任》(电脑插图、配乐)。
7. 播放 MTV——满文军的《懂你》。
8. 戊同学演讲《对家庭的责任》。
9. 己同学演讲《对集体的责任》。
10. 庚同学演讲《算一算环境账》。
11. 辛同学演讲《绿色环保》。
12. 女主持人演讲《呼唤责任》。
13. 男女生小合唱《让世界充满爱》。
14. 在歌声中，主持人宣布班会结束。

二、班会纪实

男：在我们班会开始之前，我先给大家讲两个故事。

有一天，父母带着可爱的孩子去游玩，一切都是喜气洋洋的，一切都是幸福美好的。然而他们不知道，灾难正向他们一步步地逼近。为了更好地欣赏风光，他们一起坐上了观光的高空缆车。从高空鸟瞰这里的景色，真是美不胜收，孩子和父母都高兴极了。突然间，缆车从高空坠下。所有的人在一瞬间意识到，灾难来了。没有人会认为缆车里还会有生还的人，因为缆车距离地面太高了。然而，营救人员却带回了唯一幸存的人——一个幼小的孩子，看起来只有两三岁大。一位营救人员说，缆车坠落时，是他的父母将他托起，他的父母用自己的身躯阻挡了缆车坠落时致命的撞击，这一挡就将死亡挡在了身下，孩子得救了。在场所有的人都为之肃然，他们不只是感动还有震撼，这就是父母，在生命的最后一刻，仍旧没有忘记保护孩子的责任。在最危难的瞬间，父母用自己的双肩托起了孩子生命重生的支点。

另外一个是关于大象的故事。

在非洲大草原上，生活着一群大象，这些大象相依为命。别看它们身形巨大，但是它们的生存能力并不像它们的身形一样强大。有一年夏天，雨很少，而大象需要的水却特别多。它们生活的地方已经没有多少水了，它们必须找到新的水源，这一群大象开始了流浪。在它们寻找水源的时候，一头母象产下了一只小象。整个大象群都很开心，它们不时地用鼻子发出喜悦的声音。但是，母象却很担心，因为它担心小象支撑不到找到水源的那一天。非洲的夏天热得不得了,大象们无精打采地走啊走,它们已经没有多少力气了。很多大象已经慢慢地倒下了,还有一些大象趁着自己还没倒下,就悄悄地离开了,因为大象不忍心让别的大象看到自己死去的样子。这些大象找到水,就让小象喝,因为小象比它们更虚弱。但是,每一次的水都太少了,小象没喝几口,水就没了,所以很多大象一直都没有水喝。大象群里的大象越来越少,但是剩下的大象并没有放弃,一旦找到充足的水源,它们就得救了,为了小象,为了彼此的伙伴。

这就是责任,这也是我们需要责任的理由。亲情缔造的责任让我们感动,友情连接的责任让我们幸福,爱情构筑的责任让我们忠诚。所以我们不能推卸责任,推卸责任就意味着伤害了我们的至亲至爱。

好,现在咱们班的《责任》主题班会正式开始。

女:谈起责任,大家似乎会感到它离我们还有一段距离,然而事实并非如此。我们每时每刻都生活在空气当中,这样我们反而容易忽略它的存在,我们每时每刻都生活在责任带给我们的好处之中,因为司空见惯,我们也容易忽略责任的无处不在。社会就是由大大小小的责任构成的,这其中小到个人、朋友、家庭以及对陌生人、对集体的责任,大到对社会的责任等等。责任无处不在。

男:没错,你说得对极了! 责任这两个字加重了生命的力量,生命因责任而生辉。生命只属于我们一次,我们该把她打扮得更加光彩。人最宝贵的是生命。生命,她不会给我们任何承诺,所给我们的只是一次机会,那就是创造与开拓,或者是浑浑噩噩,关键是看我们怎么去活着,怎么去把生命好好把握。然而，若想把握住生命，首先就要学会负责。

女：你说得不错。可何为责任？负起责任又意味着什么呢？

男：这你可就问对人了！

女：怎么？这么说，你知道？

男：这倒不是，不过，我请了一位高人，相信她一定会给你带来些启示。有请甲同学。

我们的责任

责任，何为责任？翻开《辞海》，我找到了答案——责任即是"分内应该做的事"。如此一理解，那么我们曾经做过多少分内该做的事呢？现在就让我们做个自我检讨吧……

无意中的一次，我从电视上听到了这样一句话："世界十个污染最严重的城市里，中国占了七个。"我不知道世界上有多少城市，我也不是一个重视环保的人，但我还是被这句无意中听到的话触动了。提到祖国，我在作文里经常这样形容它："我的祖国地大物博……"孰知，所谓的"地大物博"事实上已有四分之一的土地沙漠化。当我了解到这些数据时，我震撼了，这不是我所了解的中国呀！一直以来，我自认为很爱国，爱在心里。但是我没有为我们的家园做过任何事，任何分内该做的事。青年报上刊登过这样一幅照片：两个外国人正在长城上替中国人拣垃圾，手里举着一面旗子，旗子上写着："除了照片什么也不要带走，除了脚印什么也不要留下。"长城是中国人的门面，我们拿它当国宝，拿它吸引外资，到头来却让外国人帮我们拣垃圾，难道我们就没有一点想法吗？打扫自己的家园，维护自己的家园，不是我们分内的事吗？但是，我们什么也没有做。

我曾经认为“责任”这个词离我们很远，仿佛只有成年人才应该有责任。事实证明我错了。随手拣起地上的垃圾扔到垃圾筒里去，多花一点时间将垃圾分类处理，关心我们的父母，用真情回报社会、回报祖国。北京举办奥运会，我会全力支持。多伸一把手，让北京的每一个地方都像王府井步行街一样整洁。北京的街头应该开满鲜花而不是垃圾四溢，北京的天空应该万里白云而不是黄沙漫天。

行动起来吧！青年朋友们，现在我们所应该做的这些事不是为别人，是为我们自己，谁不希望自己的家园美丽，谁不想生活在世外桃源一样的社会里？那么，唤醒沉睡在心里的责任吧，我们的责任重大啊！

男：怎么样？听了甲同学的演讲获益匪浅吧！

女：的确如此，从中使我对责任的内涵有了进一步的了解，不过，我还想问你一个问题。

男：什么问题？只要我知道，一定会为你解答！

女：好！我想问责任是不是就是尽己之能地为他人付出？

男：不完全是这样，对自己也负有责任。人的一生很短暂，你可以活得很精彩，也可以碌碌无为终此一生，怎样的活法，完全取决于你是否对自己负责。

女：那应该怎样对自己负责呢？

男：别急，关于这个问题，乙同学找出了不错的答案，有请乙同学上台为我们解答。

一切从对自己负责开始

一直以来，我很欣赏这样一句话：“不求这个世上有谁对自己负责，但是自己必须对自己负责。”在很多人的眼里，责任是沉重的，然而，再长的线都是由点连成的。在我们所说的责任中，或许最容易也是最难做到的就是正确对待自己。

这是一个物欲横流的社会，有着千奇百怪的新鲜事物在吸引着我们，然而时间没有变，一天还是只有 24 小时，我们所能接近的事物是有限的，在这当中有一些是必需的，而另一部分呢？是不属于这段韶光年华的，姑且不谈是否放弃，至少现在还不是拿起来的时候，我们需要自己提醒、自己告诫、自己控制。为什么？原因很简单——我们要对自己负责任。

生活在这样一个个性化的社会，我们有时会迷茫，对自己负责，怎么做？其实很简单，我们应该学会尊重自己，应该要克服自己的惰性，应该少发牢骚多做些实事，不为了那些不足以称道的小事患得患失，我们应该有足够的自信，而不是自负。少一些自责，尽可能要求自己完美。要想让世界更美，我们必须有责任感。

认真地对待生活，生活才可以认真地对待我们，让我们更好地完善自己，一切从对自己负责开始！

女：唉！没想到自己对自己也要负有这么多责任！

男：你没想到的还多得很呢！告诉你……

女：行了，你别以为自己懂得有多少，虽然你做了一些提示，但真正在台上演说的、占优势的还得说是我们女生。

男：喂！你可别瞧不起人，正所谓“士可杀，不可辱”。女生是很能讲，但我们男生可也不差！

女：好，既然如此，那我们就来比一比，你看怎么样？

男:好哇！比就比,你说怎么比?

女:嗯,这样吧！男生演讲呢,由我来出题。

男:好,就这样,那么谁先出题呢?

女:当然是我了,难道你没听说过女士优先吗?

男:那么出题吧!

女:别急,听了这首歌,你自然会明白。

(放周华健的《朋友》MTV。)

男:如果我没猜错,你想让男生作一个有关“朋友”的演讲吧!

女:算你聪明！人生最大的悲哀莫过于感到世界上只有自己或者没有自己。在世界上拥有自己或者在自己中拥有世界,世界没有分界线,有的只是人的心灵隔阂,但也有友谊的纽带。

男:的确如此,不过,这也难不倒我们!

女:是吗?我拭目以待。

男:现在我不多说了,听了下面这段演讲后,你自然就会明白了,有请丙同学(内容略)。

男:怎么样?不错吧!

女:是不错,不过,胜负还不知如何呢,好了,换你出题了。

男:嗯！这样好了,不难为你们,所谓重要的道理不一定要体现在重大的事情上,平凡往往蕴涵深刻的哲理。责任很重要,但不一定有什么重大的体现,举手投足间或许就有责任的存在,也许你不经意的举动就是对他人负了责任,就请你们谈谈对他人应负的责任吧!

女:你可真会出题,不过,你可别看不起女生,下面我就请丁同学来讲讲何谓“对陌生人负责”。

对陌生人的责任

世界之大可想而知，当陌生人从你身边擦肩而过，你可曾想过你应对他们负责。负责？小小的问号会在你的脑海闪现。你懂得对家人负责，尊老爱幼是中华之美德；你明白对朋友负责，真挚的友谊才会天长日久；你知道对自己负责，美好的回忆才会留在你的心田。而对于身边的陌生人，你会有一个朦胧的概念，萍水相逢，素不相识，最多不过是一面之情，何况是负责，如何能谈。

清晨，忙碌的人群开始了一天的生活：“爱心打气”映入你的眼帘，少气的车轮被打满，欢乐的谢语却留在了车流之间。拥挤的车站迎来了汽车，如果你遵守交通规则，那就会缩短你宝贵的时间，原来对陌生人的责任就在你我的身边。昨日的风沙你也许还留在记忆间，被刮掉的帽子在风沙中寻找着主人，当你弯腰捡起并把它送还，那会心的微笑会在你面前持续很长时间。今天，你高兴地告诉我一件事，你说你帮助了一位白发苍苍的老人，你那灿烂的笑容令我怦然心动，原来对陌生人的责任你我都能实现。

不熟悉的口音问你如何到达某站，熟悉路线的你完成了他的心愿，他那激动的眼神令你似乎成了神仙；对面踢球的少年，凌空一脚，旋转的飞球冲向你的这边，你又踢还给他们，高声的谢谢持久回荡在蓝天，原来对陌生人的责任仅仅是这么简单。

其实责任就是一条贯穿人生的引线，如何让人生变得完美而又精彩，如何让记忆变得丰富而多彩，这就需要我们付出责任。这责任既包括你身边的亲朋好友,也包括你身边的陌生人。

真的,朋友,伸出你的手,拉住他的手,付出你、我、他的责任,美好的生活将永远展现在你的面前。

女:怎么样?这回服气了吧!

男:当然不,比赛不是还没结束吗?

女:噢!对!不过,不知你们还有什么选手哇?

男:这就不需要你担心了,出题吧!

女:不,这回换你先出。

男:好,出就出,这回我也先让你听首歌曲。

(放满文军的《懂你》MTV)

女:原来你是想让我们谈一谈关于“家庭”这方面的责任。

男:不错,生命不仅仅是我们自己的,她还盈满着人间的热望,装满着前辈的嘱托,我们从父母那里得到力量,在他们没有走过的路途中走过;我们从家庭中得到了温暖和光泽,燃起一切希望之火。

女:你说得很精彩,但仍然无法同我们这名同学相比,我相信,你若听了她的发言,你所感悟出的绝不仅有这些,下面请戊同学为我们谈谈对家庭的责任。

对家庭的责任

当我们每个受之于父母的新生命呱呱坠地来到人世间,这个世界也因此多了一份色彩,多了一个创造美好生活的使者。然而,从这时起,你我也肩负着一份对自己、对家庭,乃至于对社会的责任。阿基米德曾说过:如果给我一个支点,我可以撬动地球,而给灵魂一个支点,可以撬开人世间的许多不幸,我的那个支点就是——一个属于自己的温暖的家。

生活是一个多面体,有鲜花、甘露,也有荆棘、毒菇;有阳光、星月,也有阴雨、狂飙。当你成功的一刹那,是家在为你的胜利感到自豪、感到喜悦;当你遇到挫折,是家为你重拾自信,让你能再次站起来;当烈日当头,又是家为你遮挡阳光;当狂风大雨来临时,也是家为你遮风挡雨。

可当我真正体会到"家"这个含义时,已经很晚了,我不仅没有对这个家付出我的一份责任,还为它带来了无数的痛苦和辛酸。

"月有阴晴圆缺,人有悲欢离合",人生难免有失意,就像我们的心灵,像奔腾长河中的一叶孤舟,时而会遇到险滩,时而会撞上暗礁,时而会陷入漩涡.时而会遇到浪击。我们渴求温暖与理解,帮助和勇气——家,一个属于我们的家。我们将为之付出自己应尽的一份责任,一份爱!

女:谢谢戊同学给我们带来的这份感动。我们每个人都是在母亲的痛苦中降临的,我们是父母含泪的骄傲,是他们事业的承接。我们都会在父母、长辈的关怀中享受到一种博大的关怀和无与伦比的亲情。然而,生活不会像人们期望的那样没有坎坷,只有欢乐,但是,只要我们一息尚存,就毫无理由让自己的身后只生长悲哀而没有收获;尽管有扶持也有寄托,尽管有帮助也有理解,但路还得我们自己走,没有谁能够自始至终地陪着我们穿过人生的风雨和世事的阻隔,我们要用自己的灵魂去支撑生命,我们要用自己的目光去发现我们的前方是高山还是沟壑。都希望自己的明天会更好,同时也会希望我们周围的人都快乐,继而我们更加希望我们的集体会越来越好。然而,集体各不相同,我们所承担的责任也就不同。那么,对于不同的集体,我们应负起什么样的责任呢?关于这个问题,己同学为我们做出了不错的解答,有请己同学。

对集体的责任

责任是属于我们每一个人的,这是毋庸置疑的。谈到对集体的责任,这对于我们每一个人来说,都是很熟悉的:值周状况的好坏,优秀班集体的评选,校级运动会的成绩等等。但就是因为熟悉,我们反而忽视了它们的存在,而在社会这个大集体中,我们每个人都有意无意地扮演着多重的社会角色。

我们即将步入社会,我们每个人将会进入新的不同的集体。无论我们在什么样的集体中,都必须有较强的责任感。是医生,就要有救死扶伤的精神;是军人,就要履行保家卫国的天职;是老师,就要承担起教书育人的责任。

总之,不管将来我们处在什么样的集体中,我们都是集体中的一员,我们都要对它负责任,做一个有责任感的人!

女:看来,我们的比赛似乎没什么结果。

男:我与你有同感,的确,题材不同,演讲起来各有千秋。

女:我看不如这样,咱们就同一题材,各选一名同学进行比赛,胜负自然可分了。

男:好办法,题材就环保吧,我们男生推荐庚同学,你们呢?

女:那我们就推荐辛同学。

男:好,那就请庚、辛分别来为我们进行演讲。

算一算环境账

大家好：

今天能在这里为大家演讲我很高兴，但是，又有谁想过我们为什么能够轻松地坐在这里呢？我想这要感谢我们的祖先了，是他们给我们留下了一笔巨大的遗产——干净的地球。

地球是人类的家园，但人类不是地球的主人。在这个蓝色的星球上，还存在着其他的生命，它们同人类共同主宰着这个星球，而我们却在自己努力进步、发展的同时忽略了它们的存在。人类不能因为自身的发展，而放弃了对这些生命，对这笔无形遗产应负的责任。因此，我们今天要学会算环境账。

据统计，如果在计算国内生产总值时扣除自然资源消耗和环境污染导致的损失，很高的国内生产总值会大大减少。这个统计告诉我们要走经济、社会和环境协调发展之路，要对环境负起责任。

当今时代，衡量一个国家的发达程度，经济绝非是唯一标准。如何实现可持续发展，是新世纪的新课题，希望大家都能认真算算这笔环境账！

知道了该怎么做，我们还要付诸行动，要从身边的小事做起。

绿色环保

时光转瞬即逝，回首往事，你是否在做一些事的时候，懂得了责任！责任是沉甸甸的，责任加重了生命的力量，生命因责任而辉煌！

我们每个人都生活在这个社会里，就应当对社会负起责任。说到社会责任，保护环境迫在眉睫。它不但关系着社会的发展与进步,更与我们的生活息息相关,为了拥有更美好的生存空间,我们就应该承担起这个责任。

然而,我们身边却是这样的场景:天空不再蔚蓝,沙漠悄然走近,物种快速地灭绝,惨不忍睹的河流,随处可见的垃圾堆。面对这一切,我们大家是否觉醒了?没有!人们还在加剧对环境的破坏。曾经让人引以自豪的“莱芜八景”,今已面目全非;“汶水西流”变成臭气熏天;“二洞云连”的云洞被淹没;“仙人遗迹”仅剩下“玉带痕”……

如果以上只是对景观的破坏,而没有危及到我们的实际使用面积,那每天对树木乱砍滥伐,致使我们四分之一以上的国土荒漠化,耕地则以每年433万亩的速度递减,每年人口增长率却在13%以上……请你静下心听一听地球的声音:它在哭泣,它在呼喊,它在祈求,祈求我们人类不要再任意地践踏它,还它本来的面貌。

面对治理环境污染问题时,你会看到这样一个局面:依然的落后与贫穷,人们起码的环境意识的淡漠,各自为安的麻木。难以想象,在一个环境污染严重的地区会居住着一群高素质的人群。一些台湾人在环境“病情”恶化时站出来,参加“绿色环保”。环保意识的提高或苏醒,集中反映了一个地区或国家的文明程度,以及公民的责任意识。

所以,我们应该提高环保意识,从小事做起,从身边做起!少送一张贺卡,少扔一个粉笔头,少用一次白色垃圾,节约一滴水、一度电,多发动一个人保护环境,多收集一个废旧电池……每个人只做到其中的一个“一”,那么,“莱芜八景”还会有如此悲惨的遭遇吗？

让时间带走过去，一个崭新的时代在迎接着我们，它赋予每个人保护环境的责任，人类繁衍生息的空间由我们这一代挽留。“勿以恶小而为之，勿以善小而不为。”作为跨世纪的我们，应当义不容辞地承担起这个责任！

男：好像仍然是平分秋色。

女：看来今天要战成平手了。

男：今天的演讲双方都很出色，不过还有一点欠缺。

女：什么欠缺呢？

男：就是画龙点睛的那一笔呀！

女：好像是，不过……你看，我是否够格成为那点睛之人呢？

男：你？

女：怎么？看不起我？

男：当然不是，快快有请。

呼唤责任

我们带着使命来到了世界，我们的生命里跳跃着神圣的责任。

从“天将降大任于斯人也，必先苦其心志，劳其筋骨，饿其体肤”中，我体会到了孟子的发奋；从“春蚕到死丝方尽，蜡炬成灰泪始干”的不朽绝句里，我理解了责任的沉重；从“谁言寸草心，报得三春晖”的古诗中，我看到了天下儿女对父母的拳拳之心；从鲁迅的忠言警句中，我找到了“我以我血荐轩辕”这句话里所包含的博大胸襟。对于跨世纪的我们，“大任”已降临，而这个“大任”便是新世纪带给我们的艰巨的责任，大到社会，小到家庭、个人，如何肩负起并完成这项“大任”，是我们所面临的最大的挑战。

我们国家目前的状况，迫使我们不得不去改变陈旧的生活观念和生活方式，并做一些我们很陌生的事，因为，我们看到的生活情景，总是给我们带来挑战和压力。

令人目不暇接的物质世界：高科技、高智商、高消费、快节奏、物质化的生活方式，虽无法揭示现代生活的本质，但却给我们很多的启示，并告诉我们一个残酷的事实：这个全新生活的到来，已不允许我们一如既往地、平心静气地守护自己安宁的小日子，它是人类的大日子，它需要我们担起责任改变很多东西。而这也正是我们的责任，正是我们所需要承担的社会责任。

责任闪烁出的耀眼的光芒来自于英雄的献身。横跨两岸的桥梁承受着巨大的压力而默默无闻；摩天大楼上的避雷针在与雷击的搏斗中，领略了永恒的内涵；跳水台下，水花四溅，瞬间一跃凝聚着闪电般的责任。

责任是爱和道德的花束，把生活装点得五彩缤纷。“春有百花秋有月，夏有凉风冬有雪。”四季的更替，使我们的生命无需忧虑；当你知道了母亲的贫穷，你会更爱母亲；知道了母亲的艰难，你会为母亲分忧。这份可贵的亲情，凝聚着阳光般的责任，德是高尚的，心是真诚的，爱是纯洁的，责任便会永远是绿色的。

改革的大潮涌向纵深，虽然遇到了艰难险阻，但是，历史的呼唤使改革叱咤风云、勇往直前。君不见，一个个企业走出了低谷，一个个企业摆脱了困境，在中国这块神奇的土地上，书写了当代人的责任。

责任不是“跟着感觉走”，它意味着冷静思考，靠理智而不是盲从。如果人人都只顾自我设计，而不对国家与民族负责，那整个社会就不可收拾；如果所谓的“自由、民主”横行，一个有希望的中国上空就会罩上乌云。

有了责任，拥挤的社会才会有秩序；自由的天空才会更加广阔；生命的空气才会更加温馨！

有了责任，你的、我的、我们大家的生活才会更加幸福、快乐！我们的祖国才会更加繁荣昌盛！

我——渴望责任！我——呼唤责任！让我们携起手来，发奋努力，共同谱写属于我们的新世纪乐章。

男：真没想到，你还有两下子！

女：多谢夸奖！不只是我，今天参加演讲的每一位同学都很出色！

男：是呀，而且我相信，经过这么多位同学精彩的演讲，大家一定对责任有了更深入、更透彻的理解。

女：让我们睁开双眼打量这绚丽的景色，让我们摇荡着旗帜聆听那迷人的天籁。

男：让人类的灵光穿透黑暗的幽谷，让智慧的火焰燃尽以往的悲哀。

女：人间的真情扶我们上路。

男：世上的温暖给我们深爱。

男女合：让我们沿着那灼热的目光攀登，让我们用充满责任的双手开拓，走向一个崭新的时代。最后，让我们在这美妙的歌声中结束我们的班会，祝愿大家拥有辉煌的明天！

伴随着 MTV,主持人纷纷上台演唱《让世界充满爱》,台下同学们掌声相和,跟随着一起唱……

戊同学的感受(已是班会召开半年之后的感受):高三的生活即将结束了,对于我们来说,高三的忙碌和紧迫是恐怖的,不敢多想,也不敢不想,就这样矛盾着。最近大家都在回忆,回忆那已经过去的两年,然而留在每个人心底的最难忘的那件事,无疑是《责任》主题活动。至于原因,说出来不怕大家笑话,我们在主题活动上都流下眼泪,我们的心都被那次主题活动震撼了。

第七编

理解尊重

尊重他人，是一个人的必备素质。学会尊重他人，才等于学会了尊重自己。通过班会，使学生真正理解尊重的内涵，学会尊重，掌握为人处世、待人接物的基本技能。

对人不尊敬，首先就是对自己的不尊敬。

——惠特曼

解析尊重

希望通过班会，使学生真正理解尊重的内涵，学会尊重，掌握为人处世、待人接物的基本技能。

班会过程

一、班会程序

1. 用诗歌诠释尊重的含义。
2. 通过小故事实出尊重的重要性。
3. 自由发言，得出如何尊重别人。
4. 自由发言，得出尊重应从哪些方面做起。

二、班会纪实

诗歌:什么是尊重

同学A:尊重是一朵花,一朵开在心间的花;尊重是一条路,一条通往美好的路;尊重是一团火,一团温暖你我的火。

同学B:当你跋涉在崎岖的山路,朋友鼓励的目光推动着你,那是尊重;当你遭遇到人生的挫折,老师温暖的双手紧握着你,那是尊重;当你拾起马路上的垃圾,路人赞许的微笑感染着你,那是尊重;当你懊悔曾经的过失,父母的宽厚与理解包容着你,那是尊重!

同学C:尊重是一缕春风,一泓清泉,一颗给人温暖的舒心丸,一剂催人奋进的强心针。它常常与真诚、谦逊、宽容、赞赏、善良、友爱相得益彰,与虚伪、狂妄、苛刻、嘲讽、凶恶、势利水火不容。给成功的人以尊重,表明自己对别人成功的敬佩、赞美与追求;给失败的人以尊重,表明自己对别人失败后的东山再起充满信心。

同学D:尊重是一种修养,一种品格,一种对人不卑不亢、不俯不仰的平等相待,对他人人格与价值的充分肯定。任何人不可能尽善尽美,完美无缺,我们没有理由以高山仰止的目光去审视别人,也没有资格用不屑一顾的神情去嘲笑他人。假如别人某些方面不如自己,我们不要用傲慢和不敬的话去伤害别人的自尊;假如自己某些方面不如别人,我们也不必以自卑或嫉妒去代替应有的尊重。一个真心懂得尊重别人的人,一定能赢得别人的尊重。

同学E：学会尊重父母，是对父母的孝敬；学会尊重知识，是对智慧的向往；学会尊重生命，是对生活的热爱。

故事：尊重的力量

在美国，一个颇有名望的富商在散步时，遇到一个瘦弱的摆地摊卖旧书的年轻人，他缩着身子在寒风中啃着发霉的面包。富商怜悯地将8美元塞到年轻人手中，头也不回地走了。没走多远，富商忽又返回，从地摊上捡了两本旧书，并说："对不起，我忘了取书。其实，您和我一样也是商人！"两年后，富商应邀参加一个慈善募捐会时，一位年轻书商紧握着他的手，感激地说："我一直以为我这一生只有摆摊乞讨的命运，直到你亲口对我说，我和你一样都是商人，这才使我树立了自尊和自信，从而创造了今天的业绩……"不难想象，没有那一句尊重鼓励的话，这位富商当初即使给年轻人再多钱，年轻人也断不会出现人生的巨变，这就是尊重的力量啊！

讨论：尊重他人

同学A：在态度上尊重别人。比如老师讲课、同学发言、他人谈话时，我们要注意倾听。

同学B：我认为还要从礼仪上尊重别人。中学生如果蓬头垢面，不仅有损自己的形象，也是对老师、同学的不尊重。站着和别人交谈时，不要用脚连连打地；与老师、长辈交谈时，勿跷"二郎腿"。

同学C：守时也是一种尊重。和同学约好聚会，就应当准时赴约；老师安排活动更应当准时参加。

同学 D:尊重别人要注意场合。别人办喜事,就别说不吉利的话;人家办丧事,就不要兴高采烈。还比如:同学没考好,就不要大谈特谈自己考得如何如何好。

同学 E:只有在心理上有尊重别人的想法,才可能做出尊重别人的行动。所以,我们必须牢记:“每个人在人格上都是平等的。”不因自己家境好成绩好就自倨、自傲,就轻视他人。

同学 F:我认为尊重他人要学会“见什么人说什么话”,也就是要了解对方的年龄、身份、语言习惯等。假如对方是位年长者,在称呼上要礼貌,在语气上要委婉,在语速上要舒缓,在话题上要“投其所好”。

同学 G:我认为尊重他人有以下内容:打招呼时不要“喂喂”不停,或者叫绰号,因为对方肯定“别有一番滋味在心头”;交谈时不谈对方不愿讲的话题,不揭对方的伤疤等。

讨论:尊重是什么

同学 A:“尊老爱幼”是我国的传统美德,老人是我们的长辈,没有他们的辛勤劳动,就没有我们今天的幸福;没有他们的精心培育,就没有我们的健康成长,老人为社会做出过贡献,值得我们尊重和爱戴。

同学 B:父母是生我养我的人,也是我最亲近的人。父母为我遮风挡雨,为我劈波斩浪,为我扫除前进的障碍。我们应报答父母,这种报答最起码的方式就是尊重。

同学 C:生活因友谊而精彩,真正的友谊里含有一份尊重。有人认为,我和他(她)已是多年的朋友了,还存在什么尊重呢?可是,如果你不顾及朋友的感受,说了不该说的笑话,那么,多年的友谊就可能破裂，甚至失去朋友。一份尊重，一份友谊，让我们为友谊学会尊重吧！

同学 D：人有地位高低之分，但无人格贵贱之别。不论是伟大的科学家，还是普通的清洁工，只要是劳动者，都值得我们尊重。

同学 E：世界万物生机勃勃，它们本该生活得自由自在，而现在却不一样了：曾经的绿地变成了荒漠，而很多动物更是提心吊胆，有苦难言，它们生活得一点也不开心。朋友，让我们学会尊重生命吧！

同学 F：生命是永恒的，生命是短暂的。尊重生命就要关爱生命，让有限的生命焕发无限的光彩。从现在起，我告诉自己，绝不辜负生命，绝不让它从我手中流失。不论未来遇福遇祸，或喜或忧，我都愿意为它奋斗。尊重生命，从我做起，同学们，赶快行动吧！

同学 G：其实，我们还应该学会尊重自己，不要瞧不起自己，有自信，就是对自己最好的尊重。要趁着年轻，学好本领，这是对岁月的最好尊重。

老师总结：老师第一次进班时对大家讲过“三知”，不知大家是否还记得？知惧怕，就是对法规的尊重，就是信服法规的威严；知羞耻，就是对道义的尊重，就是坚守道德的底线；知艰辛，就是对劳动、对师长的尊重，就是找到了学习的动力、勤奋的理由。从这个意义上讲，一个真正学会尊重的人，或者一个真正致力于学会尊重的人，他的人生一定是成功的人生！

尊重就像一个善解人意的小姑娘，她透明的微笑叫理解，她淳朴的心灵叫高尚;尊重又像一位德高望重的学者,饱含待人处世的智慧,尽显人格操守的高贵!

同学们,让我们学会尊重吧!

如果人人学会尊重,那么,我们班,我们的校园,我们的世界,就会变成一个美好和谐的天上人间!

尊重是学会为人处世的第一步。高中生自觉意识增强,社会交往范围也开始扩大,尤其班上好多同学离开父母来到陌生的环境开始独立生活,不论在宿舍,还是教室、校园,不论对自己还是对别人都要学会尊重。

高一开始就教学生学会尊重,这对于学生成长、班级管理都有积极意义。同时这次班会有言有行,生动活泼。

每一个正直的人都应该维护自己的尊严。

——卢梭

自尊、自立、自强

当今的社会生活复杂多变，各种诱惑充斥校园，名牌热、偶像热等对现代中学生产生着各种各样的影响，高一学生正处于人生的一个关键的转折点，人生观、世界观正在养成，因此引导他们摆脱不良的影响，树立正确健康的人生观、世界观，在教育工作中不容忽视。

班会过程

一、班会程序

1. 开场白。

2. 小品（一组校园里、社会上常见的情景）。

3. 相声《追星族》。

4. 朗诵。

5. 故事。

6. 主持人总结发言。

二、班会纪实

合:咱们班的《自尊,自立,自强》主题班会现在开始。

女:你见过莲花吗?

男:当然,莲花谁没见过?

女:那你一定知道莲花的根部——藕,它虽长在淤泥里,可是当它从淤泥里拔出来后还是洁白无瑕的。

男:莲花真是伟大,我们要是也能像莲花一样该多好!

女:其实我们只要努力在各方面约束自己,严格要求自己,不受周围不良环境的影响,我们也能成为"莲花"。

男:没错!在现实生活中有很多这样的例子,下面请欣赏小品。

1. 课堂上

老师正在讲课,课堂上很多同学在说话、传条、看课外书,只有几名学生在认真听讲。随着时间推移,有的好学生也开始说话,有的好学生却制止周围的学生说话,并坚决做到不说话。

女:请大家根据小品里表现的现象发表一下自己的感想。

A:这种现象在我们的课堂上可以看到,在咱们班里就有。××等同学在课堂上就经常和周围的同学说话,影响其他同学听讲。×××同学就克制自己不说话,还提醒周围的同学不要说话。

B:我觉得我们都应该向×××同学学习,管好自己的同时还能提醒其他同学,如果大家都这么做,我们的课堂就是一个和谐宁静的课堂。

C:我上课的时候一般能认真听讲,但是一有人和我说话我就忍不住也说,以后我要向×××学习,努力克制自己,不受其他人的影响,并且尽可能提醒爱说话的同学。

D:我上课的时候总管不住自己,老想找其他同学说话,我下了好几次决心要改,可时间一长就坚持不住了,希望周围的同学能提醒我,帮我改正这个毛病。

男:既然大家都已经认识到自身的问题,希望有这种现象的同学能向×××同学学习,努力改正不良的习惯,也希望做得好的同学继续保持发扬。

女:养成良好的学习习惯是很重要的,接下来请大家再来看一段小品,看看这段小品表现的又是什么现象。

2. 扫除中

大扫除,很多学生拿着笤帚在一旁嬉戏聊天,只有几名学生在认真做着扫除。老师问不做扫除的学生,学生则回答:在家里自己都不做,再说这么多不做的,自己为什么做?而做扫除的学生却说:这是为集体做事,不管别人怎么样,自己觉得应该这么做。不做扫除的学生面露愧色。

男:不知道看了这段小品后大家有什么感想?

A:这种现象在大扫除中经常发生,我觉得凡是认为别人不做凭什么让我做的同学都是一种自私的表现,对集体产生着一种非常消极的影响，如果大家都这么认为，值日就没人做了。这些同学为什么就不能比比那些认真做值日的同学呢？为什么不说凭什么别人做而我不做呢？

B：A 同学说得很好，我很惭愧，因为每次做值日我都不认真，我会在今后努力改正的，也希望这样的同学能和我一起改正。

C：在咱们班有很多榜样值得大家学习，××同学每天中午都主动为班级打扫卫生，有些同学不但不向他学习，还说一些中伤的话。尽管如此，××还是坚持每天为班里做值日，我认为他就是大家的榜样，希望同学们都向他学习，也希望那些逃避劳动、说风凉话的同学正视自己，改正自己的毛病。

女：通过以上同学的发言，我们看到了班里一些同学在劳动中存在的问题，也看到一些在这方面做得很好的同学，这些同学是我们今后学习的榜样！下面我们把所讨论的内容转移到生活方面。

3. 攀比

双休日，甲、乙、丙相约上街，甲身穿 Lining（李宁牌服装），乙衣着 Nike（耐克牌服装），丙一身校服。甲：“我这身衣服 480 元，中国名牌！”乙：“我这身 650 元，世界名牌！”丙：“我觉得我这样挺像个学生。”

次日，学校募捐，甲：“我没钱，只有 2 毛。”乙：“我只有 1 毛。”丙：“这是我的零用钱，全捐！”丙捐了 100 元。

A：我觉得在双休日穿一些其他的服装是可以的，因为校服在穿了一周之后，已经狼狈不堪，它需要“休息”一下。

B:A 同学没有说中要害。这个小品的寓意在于:甲乙攀比时,都说自己的衣服比对方的贵,而到了捐款时,他们又开始哭穷。这是他们没有爱心的表现。

C:我同意 B 同学的说法,我还有一点想说的:俭朴是我们中华民族的传统美德,我们应该坚持这个美德,大家说对不对?

D:不错,在生活中进行攀比对我们会形成一种不好的影响。但是如果我们把这种攀比的精神发扬到学习中,进行各种比赛,我想我们会形成一种很浓的学习风气。

E:不光是学习,我觉得我们应该在各种好品质、好风气中也进行比赛。

男:如此说来,真希望大家从现在开始就比一比学习,比一比纪律,比一比劳动,比一比各方面。但是下面这种比赛我们决不能让它继续下去。

4. 考试中

期末考试,在老师的严格监考下,学生们却运用各种手段与好朋友交流,抄得不亦乐乎,并鼓励自己“自己答题?怕过不了呀!再说了,别人都抄,我不抄岂不亏了!”只有几名同学在埋头答题。一位同学对好朋友几次发来的暗号视而不见。

女:近年来学校有作弊的现象,对于作弊大家有什么想法?

A:我认为根本原因在于学生受社会上不良风气的影响,将很多时间和精力投入到诸如上网、看录像等充满诱惑力的活动中,而不专心读书。许多学生连上课时间也“充分利用”,埋头看小说,写书信,忙得不亦乐乎。如此一来,临考试时脑袋里几乎一片空白,便寄希望于作弊。倘若作弊者没被抓住,考试通过了,无形中便为其继续投机“打了气”,惰性也更大了,更不愿学习了,于是就形成了恶性循环。

B:我们都对作弊深恶痛绝,这是一种欺骗行为,不仅欺骗了老师、家长,还欺骗了自己,因此对作弊的同学应该严格处置,坚决杜绝这种现象。

C:我也认为作弊是一种不道德的行为,你这次抄好了并不代表你确实会了,而且如果大家都发现抄袭比自己做省事,而且成绩好,那么大家都抄,考试就没有意义了。所以在严格处置作弊同学的同时,每个人都应该有这样一种正义感,帮助作弊的同学改掉这种坏习惯,而不是跟着一起抄。

D:也许有的同学怕考不好会受到家长、老师的责备,所以冒险作弊。但是如果大家平时努力学习,勤学勤问,考试的时候都会了,你自己就不会再去抄了。

男:上面都是我们在学习和生活中常见的现象,大家都对这些现象发表了自己的看法,同学们说的都很好,既然大家都认识到了什么是对什么是错,大家就应该明辨是非,是对的就坚持,是错的就应该勇于斗争,不要受不良风气的影响,保持我们原有的人格,做一朵洁白的莲花。

女:很多同学都有自己崇拜的偶像,你们崇拜偶像到了什么程度?有没有下面这位同学厉害?请听相声《追星族》。

甲:啊……啊……

乙:啊什么呀!

甲:92。

乙:啊?语文我考了91,我不如你!

甲:什么呀！我说的是这个。(拿出照片。)

乙:咳！那你语文考了多少?

甲:(笑,挠头)不怎么样,29。

乙:调一个个儿呀!

甲:你昨天看没看电视里 HOT 的演唱会?

乙:没看,写作业呢。

甲:写它呢！我告诉你,昨天应该是 18：00 开始,后来晚了一点,18 点 02 分 37 秒开始的。

乙:这比圆周率还精确呢。今天考数学你知道吗?

甲:知道!

乙:你都没写作业,能考好吗?

甲:上回考圆周率是什么我不知道,昨天我知道了。

乙:你复习了?是什么呀?

甲:就是 HOT 坐的车的圆轱辘转的规律,每分钟 200 圈。

乙:什么呀！圆周率是 3. 1234567,去！把我都给说乱了,是 3. 1415926……

甲:听说今天下午还有演唱会呢！干脆我下午请假。

乙:啊?你这可是旷课。

甲:干脆你也别上了。

乙:去你的吧!

女:听了以上的相声,不知道大家有何感想?

A:我很喜欢 HOT,我并不觉得这和学习会有什么冲突。

B:只要认真对待,处理好两者之间的关系,分清孰轻孰重,就不会影响学习。

C:每个人都有自己崇拜的人,但我认为崇拜应该有个限度,过度就成了痴迷,有时就会产生消极的影响。

D:不错。但是我认为很多人并不清楚为什么崇拜,而是因为大家都崇拜,所以才崇拜,这样长久下去就会失去自我。因此在做一件事前先明确一下目的,不要人云亦云。

女:其实只要我们在心里树立一个目标,那么不论我们处于什么样的环境,都不会受到不良的影响。下面让我们来欣赏一首诗《默默》。(略)

男:看了听了这么多,现在请同学们讲讲你周围的故事。

A:咱们班的××同学就是一个很好的例子。有一次老师让默写,只要有错就重新默写,很多同学在第二遍时就开始抄,而××同学一直自觉地默写,直到完全默写对为止,尽管他几乎是最后一个走的,但我觉得他是最棒的。

B:×××同学也是,咱们班的板报没人出,他就利用课余时间为班里出板报,有些同学劝他凑合一下算了,不必太认真,可×××说一个板报代表一个班,决不能应付。很多同学说他是为了出风头,为了让老师表扬,为了加分,无论同学们说什么,×××还是坚持认真为班里出好板报,并在评比中取得了优异成绩,为班级增了光。

C:×××同学以前有一些不太好的朋友,开始他只是觉得好玩、热闹,但时间长了,他发现他们有许多不良习气,吸烟、逃学、撒谎,于是×××就和他们一刀两断,并约束自己努力学习。

女:同学们讲的都很好,这说明我们的周围还是有很多"莲花",也希望大家都能向他们学习。

男：对！不要被不良的风气污染，真正做到自尊、自立、自强，在这个复杂的社会中保持我们的人格，做一名符合时代需要的合格的中学生！

女：为了激励这些同学更进一步为大家做出榜样，也为了同学们能更好地向他们学习，我们把他们立为标兵。

男：下面我们为标兵颁发胸牌。

（主持人为标兵们颁发印有莲花图案的奖章，并对他们表示祝贺，鼓励大家向他们学习。）

女：我们的班会已经接近尾声，但是这次班会的精神不能结束，而是要更加努力做到自尊、自立、自强。

合：咱们班的《自尊，自立，自强》主题班会到此结束。

班会反思

通过这次活动，学生可以明辨是非，在心里树立一面旗帜：什么是对什么是错，什么是善什么是恶。对于正确的事就要坚持，错误的事就要敢于改正；并且能够客观地分析自己，认识到自身行为中哪些是对的，哪些是错的，怎样才能不受不良现象的影响，不断完善自己。标兵们能起到带头作用，及时发现并制止不良行为，为同学们树立榜样。学生们以积极的态度、饱满的热情对待学习，以小组为单位进行讨论，谈谈自己班会后的感受，并写出总结。

第八编

学会感恩

教师对学生倾注全部热情，犹如春雨滋润学生的心田，这就是教师甘为人梯、蜡烛，无私奉献的精神所在。然而教师培养的是四化建设的接班人，在教师传授知识，把自己的爱无私地奉献给学生的同时，还应该让学生懂得回报，学会感恩，用学得的知识，回报社会，服务他人。

没有感恩就没有真正的美德。
——卢梭

走进经典，体验感恩

学会感恩是人生的必修课。高中生面临高考的压力，对父母、老师的苦口婆心有时不免厌烦，不能理解，学会感恩会让他们摆正心态，从容应对。同时，学会感恩也将让每个人终生受益。

班会过程

一、班会程序

1. 介绍你所了解的经典。
2. 朗诵《拥有一颗感恩的心》。
3. 小型辩论赛。
4. 歌曲表演。

5. 宣布结束。

二、班会纪实

班长：一段段经典在生命中留下了不可磨灭的印记，《红楼梦》的凄美，《西游记》的神幻，《三国演义》的精彩和《水浒传》的悲壮，让人不得不感叹经典的魅力。人生需要经典，在经典中体会着震撼与感动，慢慢成长。下面请同学们挖掘一下身边的经典，向同学介绍你所了解的经典。

同学甲：介绍经典文学《悲惨世界》。

《悲惨世界》是一部雄浑的史诗，是一个人的史诗，但又不限于个人的意义。主人公冉阿让一生的道路是那么坎坷，几乎具有了各种非凡的活力，他是一个浪漫主义色彩浓厚的传奇性的主人公。这个人物的浪漫主义色彩，更重要的是表现在他的道德精神方面，他的精神历程也像史诗一样可歌可泣。他是一个本性善良的劳动者，社会的残害、法律的惩罚、现实的冷酷使他“逐渐成了猛兽”，盲目向社会进行报复，以致犯下了真正使他终身悔恨的错事，而这种悔恨却又导致一种更深刻的觉悟，成为他精神发展的起点，促使他的精神人格上升到了崇高的境界。

冉阿让并不是一个抽象的人。从出身、经历、品德、习性各方面来说，他都是一个劳动者。他体现了劳动人民各种优秀的品质，他是被压迫、被损害、被侮辱的劳苦人民的代表。他的全部经历与命运，都具有一种崇高的悲怆性，这种有社会代表意义的悲怆性，使得《悲惨世界》成为劳苦大众在黑暗社会里挣扎与奋斗的悲怆的史诗。

就《悲惨世界》在内容上的丰富、深广与复杂而言，它无疑在雨果数量众多的文学作品中居于首位，即使是在 19 世纪文学中，也只有巴尔扎克的巨著《人间喜剧》可与之比美。对于它厚实的艺术容积，也许只有借助巨大的森林、辽阔的海洋这一类比喻，才能提供一个总体的概念。

同学乙：介绍经典诗词《满江红》。（略）

同学丙、同学丁：表演经典电影对白《向左走，向右走》、《笑傲江湖》。（略）

班长：拥有一颗感恩的心，去感恩所有的所有，听一听戊同学的心声，感受她心中的恩师。（略）

班长：听了朗诵后，请大家说出最让你感动的事。

同学 A：腿脚不便的外婆担心家人，十几次硬是忍着伤痛穿越半个家而打电话。

同学 B：谈与父母沟通的益处。

同学 C：姨父在人世给自己上的最后一课。

班长：要学会感谢身边的人，特别是父母，羊有跪乳之恩，鸦有反哺之义，我们应拿什么来报效父母所付出的无数艰辛呢？

小型辩论赛

正方：给父母的报答是精神上大于物质上。

反方：给父母的报答是物质上大于精神上。

（过程略）

班长：无论精神上还是物质上都应该怀着一颗真诚的心去感恩父母，珍惜自己的至亲。父母的爱是那么的平凡，却又那么的动人，正如丁香花般的默默无闻，却沁人心脾。请欣赏合唱《丁香花》。

男生合唱《丁香花》。（略）

班长：歌曲表演《感恩的心》一句简简单单的感谢却包含了无尽的感动，学会感恩是人生的必修课。请欣赏合唱《感

恩的心》。(略)

班长:让我们拥有一颗感恩的心,哪怕是面对一个微笑,一句关怀,即使是不经意间的。我们也要学会感恩,感谢这一切。

今天《走进经典,体验感恩》的主题班会到此结束。

班会反思

在这次《走近经典,体验感恩》的主题班会上,我能感觉到同学们对这次活动的积极参与,他们都在竭尽全力想靠自己的行动去打动别人。他们的节目都给我留下了深刻的印象,辩论会非常精彩,小合唱也非常感人。听他们讲述自己感恩的故事,作为班主任的我心里也涌起一份真实的感动。我突然感觉,这些曾经在我眼里长不大的孩子竟会如此独立,如此懂事。他们都是些善良纯洁的孩子,他们对他们的父母、老师、朋友,甚至生命中所有的人都拥有一颗诚挚的感恩的心。他们是想通过这次活动,将自己对于感恩的感受抒发出来,积极影响身边的人也常常拥有一颗感恩的心。或许我们平时都不会直接抒发自己的情感,但是我们并不是没有必要让身边的人了解到我们对他们的关心和感激,所以这样体验感恩的活动是我们学生和老师所需要的,他们需要一个空间一个舞台表达自己的情感。这次的活动也在我们班掀起了孝敬长辈、尊敬师长的热潮,这说明"走近经典,体验感恩"的活动的目的已经达到了,我们每个人都已经真正地试着敞开心扉感恩这个美丽的世界了。

羊有跪乳之恩，鸦有反哺之义。

——格言

走近父母

孝敬父母是中华民族的传统美德。学校在各年级都展开感恩父母的系列活动。结合班级实际,我们设计了这次班会。

希望通过这次主题班会,使学生能够体谅父母,能缩短与父母的心理距离,学会如何与父母沟通,真正走近父母。

班会过程

一、班会程序

1. 根据课前统计情况,导入主题班会。

2. 出示图片。

3. 谈体会。

4. 朗诵。

5. 谈体会。

6. 宣布结束。

二、班会纪实

主持人：是谁，把我们带到这美丽的世界？是谁，呵护我们、保护我们、照顾我们？是我们的父母！

记得曾经读过一篇文章，讲一个在外留学的女孩子在自己的厨房里煮开水，一不小心烫伤了手，她不知道做任何处理，却抓起电话打给远隔重洋的妈妈，“妈妈，我该怎么办？”而在几年后，当她自己成为一个小女孩的母亲的时候，她的小女儿受伤的时候，她却迅速的做出了反应，进行了一系列安全而恰当的处理。事后她回忆到，她自然的知道怎么做，虽然没有受过训练。

是的，在我们逐渐长大的时候，我们确实可以认识到父母并不是知识和真理的唯一来源，甚至很多人会推翻父母的权威性。但是，父母一直给了我们无条件的关注与支持，从父母那里，我们首先知道世界上有人爱自己，有人支持自己，在了解世界的同时也接纳自己，对自己的接纳与热爱是我们前进的动力。想一想，如果一个人自己都不爱自己，他就不会努力改变自己与发展自己，也不会热爱生活，热爱我们这个世界。

可是，现在你是否觉得和父母的距离已经慢慢地拉大，和父母已经没有了亲密感？今天，就让我们来学习如何走近父母。

出示一些图片，内容是：

1. 不顾父母劝阻，长时间上网，荒废功课；

2. 放学迟迟不愿回家,贪玩。

3. 经常"煲电话粥"。

主持人:如果你有以上情况,父母会如何惩罚自己?

除了以上情况,还有哪些方面与父母关系紧张?请同学们讲讲并说说被惩罚后的感受。

被父母惩罚,责骂,或者打,你会觉得父母很不近人情。那让我们站在父母的角度上看看。(投影毕淑敏的《孩子,我为什么打你》)

孩子,我为什么打你

有一天与朋友聊天,我说,就是在文化大革命中当红卫兵,我也没打过人。我还说,我这一辈子,从没打过人……你突然插嘴说:妈妈,你经常打一个人,那就是我……

那一瞬屋里很静很静。那一天我继续同客人谈了很多的话,但所有的话都心不在焉。孩子,你那固执的一问,仿佛爬山虎无数细小的卷须,攀满我的整个心灵。面对你纯真无瑕的眼睛,我要承认:在这个世界上,我只打过一个人。不是偶然,而是经常,不是轻描淡写,而是刻骨铭心。这个人就是你。

在你最小最小的时候,我不曾打你。你那么幼嫩,好像一粒包在荚中的青豌豆。我生怕任何一点儿轻微地碰撞,将你稚弱的生命擦伤。我为你无日无夜地操劳,无怨无悔。面对熟睡中的你,我向上苍发誓:我要尽一个母亲所有的力量保护你,直到我从这颗星球上离开的那一天。

你像竹笋一样开始长大。你开始淘气,开始恶作剧……对你摔破的盆碗、拆毁的玩具、遗失的钱币、污脏的衣着……我都不曾打过你。我想这对于一个正常而活泼的儿童,都像走路会跌跤一样应该被原谅。

第一次打你的起因,已经记不清了。人们对于痛苦的记忆,总是趋向于忘记。总而言之那时你已渐渐懂事,初步具备同龄人的智慧:它混沌天真又我行我素,它狡黠异常又漏洞百出。你像一匹顽皮的小兽,放任无羁地奔向你向往中的草原,而我则要你接受人类社会公认的法则……为了让你记住并终生遵守它们,在所有的苦口婆心都宣告失效,在所有的夸奖、批评、恐吓以及奖赏都无一建树之后,我被迫拿出最后一件武器——这就是殴打。

假如你去摸火,火焰灼痛你的手指,这种体验将使你一生不会再去抚摸这种橙红色抖动如绸的精灵。孩子,我希望虚伪、懦弱、残忍、狡诈这些最肮脏的品质,当你初次与它们接触时,就感到切肤的疼痛,从此与它们永远隔绝。

我知道打人犯法,但这个世界给了为人父母者一项特殊的赦免——打是爱。世人将这一份特权赋予母亲,当我行使它的时候臂系千钧。

我谨慎地使用殴打,犹如一个穷人使用他最后的金钱。每当打你的时候,我的心都在轻轻颤抖。我一次又一次问自己:是不是到了非打不可的时候?不打他我还有没有其他的办法?只有当所有的努力都归于失败,孩子,我才会举起我的手……每一次打过你之后,我都要深深地自责。假如惩罚我自身可以使你汲取教训,孩子,我宁愿自罚,哪怕它将苛刻 10 倍。但我知道,责罚不可以替代也无法转让,它如同饥馑中的食品,只有你自己嚼碎了咽下去，才会成为你生命体验中的一部分。这道理可能有些深奥，也许要到你也为人父母时，才会理解。

打人是个重体力活儿，它使人肩酸腕痛，好像徒手将一千块蜂窝煤搬上五楼。于是人们便发明了打人的工具：戒尺、鞋底、鸡毛掸子……

我从不用那些工具。打人的人用了多大的力，便是遭受到同样的反作用力，这是一条力学定律。我愿在打你的同时，我的手指亲自承受力的反弹，遭受与你相等的苦痛。这样我才可以精确地掌握数量，不至于失手将你打得太重。

我几乎毫不犹豫地认为：每打你一次，我感到的痛楚都要比你更为久远而悠长。因为，重要的不是身累，而是心累……

孩子，听了你的话，我终于决定不再打你了。因为你已经长大，因为你已经懂了很多的道理。毫不懂道理的婴孩和已经很懂道理的成人，我以为都不必打，因为打是没有用的。唯有对半懂不懂、自以为懂其实不甚懂道理的孩童，才可以打，以助他们快快长大。孩子，打与不打都是爱，你可懂得？

主持人：是的，打与不打都是爱，那被打事件中，你又有没有做错？请曾经被父母惩罚过的同学，说说自己做错了什么？

（同学讨论，略。）

主持人：写一写，算一算父母每一天要为家庭做多少事，付出多少时间？

想一想，父母容不容易？你有没有分担父母的艰辛？

议一议，对自己父母不满意的同学，说一说你认为谁的父母最理想？

说一说，拥有“最理想父母”的同学说说自己父母的不是。

论一论，可以调换父母吗？

（同学讨论，略。）

主持人：既然父母不能调换，我们就一定要包涵、接纳自己的父母，并尽量和父母多一点交流。那我们该怎么和父母交流呢？

1. 老师说说自己与父母孩子交流的情况。

2. 学生说说自己与父母交流的情况。

3. 选出一些写得比较好的“给父母的一封信”，请同学读出来，并把父母的回信也读出。

由此可见，我们与父母的关系并非不能改变，父母也不是不近人情的，他们也在关心我们，也在想办法走近我们。那我们就该主动走近父母。

走近父母的方法

1. 多向父母表达你爱他们：主动承担家务；纪念日、节日送点小礼物；遇特别情况写一封信表达感激；适时为父母倒杯茶、削个水果。

2. 和父母有分歧时学会换位思考，站在父母的角度想一想。

3. 应让父母感觉你相信他们，多交流并经常给予赞美：多向父母说说自己的情况，自己的愿望；多倾听父母的话；遇上烦恼，告诉父母，寻求父母的帮助。

4. 回家和外出主动给父母打招呼。

5. 时时谨记，父母只会爱孩子，决不会害孩子；只要能理解、孝敬、尊重父母，你就和父母走近了。

6. 给父母送一张卡片，表达你对他们的爱。

7. 平常多为父母倒杯水或分担一些家务。

班会反思

高中生开始有自己的独立思想，渴望自由，崇尚个性。与父母的一些想法出现分歧，有些学生甚至和父母关系僵化所有这些都是由孩子和父母缺乏应有的交流导致的，通过本次班会学生认真分析与父母的关系，认识自己，更重要的是学会怎样和父母交流，理解父母。

父恩比山高，母恩比海深。

——谚语

家给我力量

高三是高中学习的最后一年，如何让学生学习不松懈，需要家长和学校、老师通力配合。要想让家长配合真正起作用，前提是家长和孩子要互相理解。所以设计这次班会。

让每一位学生去深入了解父母，其中所包括的权利和义务以及作为子女应尽的责任。家庭是社会最基础的单元，一个人一生所处时间最长的即在家庭中，所以在人生的前半阶段，家庭教育对于一个人整体的知识面和素质以及未来的人生观、价值观有着决定性的作用。

作为21世纪的高中生，面对社会的飞速发展和竞争的日趋激烈，必须清醒地认识到自我的发展该朝哪条路走，这时家庭的正确引导是很重要的，如何和父母相处，如何消除因年龄、成长年代不同引起的代沟，将通过这次主题班会得以更好的诠释。

班会过程

一、班会程序

1. 诗歌朗诵：《母爱》。
2. 游戏：你知，我知。
3. 歌曲联唱：妈妈，再爱我一次；爱的奉献；牵手等。
4. 讨论：我们该怎么做。
5. 表演：我爱我家。
6. 游戏：知识就是力量。
7. 综合文娱表演。
8. 回家作业：真情流露。

二、班会纪实

主持人："慈母手中线，游子身上衣。临行密密缝，意恐迟迟归。谁言寸草心，报得三春晖。"母亲的爱犹如于春天里灿烂的阳光，带给我温暖，带给我光明；母亲的爱，犹如于狂风中的一把稳定而沉着的大伞，为我遮风挡雨；母亲的爱，总在我困难的时候给予我帮助，给予我动力。那股如丝般连绵不断的爱意成为我坚强的后盾，让我时时刻刻不再有空虚的感觉。

而父亲的爱，是博大精深的，是不拘小节的。父亲的爱，总在我犯错误时，给予我正确的指导；父亲的爱，总是在我遇到难题时，给予我正确的教导……如果说，母亲的爱如水一般深远，那么,父亲的爱就如同山一般的厚重。

父母的爱是天地间最伟大的爱,自从我们呱呱坠地,来到这个世界,父母就开始爱着我们,直到永远。父母的爱,是一种对儿女天生的爱,自然的爱,犹如天降甘霖,沛然而莫之能御。这能够维护生命之最大、最古老、最原始、最伟大、最美妙的力量莫过于父母对我们的爱。

下面请听诗歌朗诵:《母爱》。(略)

同学自己写的诗作为主题班会的首档节目突出伟大的母爱,使整堂主题班会的主旨精神得到升华。从祖国母亲对每一个炎黄子孙的殷殷之情到自己的母亲对孩子无私的爱和奉献,是同学自己用心去描述,情节感人,让每一位在场的同学都能体会到世界上最伟大的爱——母爱。

游戏:你知,我知

请家长和同学一起上台,回答几个问题,如:对方的生日,最喜欢的食物,最喜欢的颜色,最讨厌的行为,最喜欢的休闲方式等,看一下父母对子女和子女对父母这两大家庭最基本要素之间的了解程度,特别是作为子女,同学是否只知道自己需要什么,而不懂得关心他人,主持人的临场发挥和引导作用极其重要,要让每一位同学了解关心父母就要从了解他们做起。一句问候、一句关心都是维系家庭温馨和爱的桥梁。

歌曲联唱:妈妈,再爱我一次;爱的奉献;牵手等。

利用多媒体播放一些新闻片断,比如:有的孩子残疾了,父母如何倾家荡产带孩子到处治病;一个已是中年的男子的跨国寻母记等;还有我们身边的故事,如:父母亲顶着烈日为孩子买参考书，参加高考咨询等，用强烈的视觉效果，让在场的每一人感受到爱的力量。

讨论：我们该怎么做

由主持人事先设计的几种场景，如：有比较好的异性同学经常打电话；同学沉溺于网上聊天；重要的考试成绩不理想等，让学生提出他们会怎么处理以及希望家长如何帮助他们，然后让家长提出他们的处理方法和希望学生的态度。这样开诚布公的交流可以缓解相互间的矛盾，增进彼此间的了解和沟通。

表演：我爱我家

班级中的一组学习型家庭的父母和同学三个人准备了几个小品，这些小品都是根据他们在日常生活中怎么进行相互之间的沟通，怎么处理突如其来的问题和如何大家一起学习知识和现代技术提高每一个人的自身素质而改编的。希望每一位同学和家长通过示范的例子，再根据自己家庭的实际情况进行沟通。

游戏：知识就是力量

准备了各类知识题目，由家长和同学共同合作，看看谁的知识面更广。还有各类动手的活动，如：做饺子、钉纽扣等，还请各组同学当场设计学习型家庭的网页。整个游戏突出个人的知识面，动手能力和创造性，并与时代的新技术相结合，突出时代性。

综合文娱表演

学生和家长表演各自拿手的绝活，体现出学习的气氛和家庭的温馨，你唱我跳，你讲我写，一派家庭融融的气氛，其实班级就是大家的家，老师、学生和家长都是相互尊重，相互学习和相互爱护的，这样才有利于学生的健康成长。

回家作业:真情流露

根据几个家庭故事,结合自己的实际情况,由班长决定一个时间段,大家开通一个 bbs,进行网上的一小时的虚拟交流。

班会反思

本次主题班会所准备节目都和日常生活有关,包括小品、诗歌、游戏、歌曲等。

整堂主题班会力求人人参与,在班干部的统一带领下,每一位同学都出谋划策,出金点子,强调人人都是一个完美家庭的主人,在排练的过程中,锻炼了班干部的组织领导能力和协调能力,每一位同学都在其中担任角色,力求节目精彩,有吸引力并且达到预期的教育效果。

通过这样一个主题班会,对于高三学生而言,是对家庭和社会的更深的了解,明确自己所肩负的责任和确立今后人生的奋斗目标,通过这次的活动使学生树立家庭的观念,扬起人生的风帆。

第九编

放飞理想

理想是指路明灯。没有理想,就没有坚定的方向;没有方向,就没有生活。理想是我们国家和民族的重要精神支柱。一个人、一个民族如果目光短浅,没有远大的理想是不可能真正有所作为的。因此,对学生进行理想前途的教育应该是长期的。

世界上最快乐的事，莫过于为理想而奋斗。

——苏格拉底

向理想迈进

一个高中生到了高三，就进入了非常关键的时期。现在有些青少年胸无大志，热衷于看电影、听歌，玩电子游戏，无心学习。这样的学生能跟上时代的步伐吗？能在激烈的社会竞争中取胜吗？不能。所以，我们搞这样一个主题活动，使学生成为有理想、有追求的青少年，让他们扬起理想的风帆，顺利到达成功的彼岸。

通过主题活动，使学生树立正确的人生观、价值观和世界观，树立为新世纪中国社会发展而奋斗的理想和志向。同时，让高三的学生树立近期的目标，争取考上一个理想的学校。

班会过程

一、班会程序

1. 主持人开场白引入主题。
2. 谈理想(以演讲的形式)。
3. 情景剧《为中华之崛起而读书》。
4. 看《教师的理想》录像。
5. 小品剧《相聚 2008 年》。
6. 我的理想:每人一句,依次进行。
7. 主持人结束语。

二、班会纪实

男:理想,是人奋斗的目标,是人生活的希望,没有理想的青春,就像没有太阳的早晨。没有理想的人,就像一台没安马达的机器。

女:你说得不错,对我们青少年来说,理想就更重要了,因为我们是祖国的未来,如果我们胸无大志,那我们国家的未来就没有希望了。现在,让我们听听学习委员的理想。

学生甲:我的理想是当一名记者,因为当记者不但可以四处采访,还能开拓我的视野,丰富我的知识。但作为记者必须得是高素质、高学历的人才,我深知凭我现在的水平还远远不够,所以我更应该努力学习,要考个好大学,将来才能实现我的理想,成为一名新闻工作者。我想我一定会成功的,因为我相信"有志者事竟成”这个道理。

愿同学们都树立一个远大的理想，愿你们个个都有一个美好的明天、光辉的前程，而且高考能以优异的成绩进入你们心目中的大学，为人生迈好关键的一步。

女：××，你小时候的理想和现在的一样吗？如果不一样，你现在的理想是什么呢？

男：我小时候羡慕我的父亲，想当一名教师教书育人，现在看来这个愿望不能实现了，因为我觉得当一名教师需要担负的责任太大了，我有些承受不了，怕误人子弟。现在，我的理想是当一名计算机程序员，编制出更多更好的软件，满足社会的需要。别光听我说，还是听听咱们班女才子的理想吧！

学生乙：我仰望着蓝天、白云，回忆起儿时的我。那时我幻想当一名女飞行员，驾驶着飞机带人们到世界各地旅游。也曾想过当一名白衣战士，抢救人民的生命。随着年龄的增长，我渐渐喜欢上了画画，希望自己能成为一名画家，用笔描绘出祖国的美丽景色。那时的愿望现在想起来可能很难实现。但是人生应是为自己的理想拼搏的一生。一个人要成就大事业，就必须有一个正确而远大的志向。要实现自己的志向，必要为之奋斗，更要经历艰苦的拼搏。

我现在的理想是当一名公正的法官。但理想终归不是现实。法官要求要有高深的法律知识和各方面的文化知识。虽然现在我离这个要求还很远，但做任何事情只要有付出就会有回报，我相信经过我的加倍努力理想会变为现实的。

一个人有高远的志向，并不等于就有了丰功伟绩，关键在于行动。志向是奋斗的力量源泉,而实现志向就必须经历奋斗,中间的过程或许很长又很艰苦,或许很短又很轻松,但不可能没有。我现在正处于为考上重点大学而奋斗的过程中,这段日子会很艰苦,不会轻松。我们应该从小打好基础,掌握科学文化知识,向着自己的理想奋斗,并在奋斗中拼搏。我相信,只要我们大家努力,理想就会变成现实,让我们一起创造美好的明天吧!

女:有理想,就要有行动,这样理想才能成为现实。现在,咱们看看丙同学想怎样扬起自己理想的风帆。

学生丙:每一个人都有自己的理想,有了理想才能去实现理想,才会获得成功,这也就是,理想是成功的前提,成功是理想的结果,没有理想的人不会成功,成功的人不会没有理想。所以说,理想与成功是有机地结合在一起的。

我的理想是成为丁肇中那样的科学家,沉醉于化学试验的兴奋与激动之中,为祖国尽自己的一份力量,使祖国更强大,发展更快。当然了,光有理想还不行,要付之于行动,理想是要通过自己的行动才能实现的,现在对于我来说,是最重要的阶段,只有在这个时期打下良好的基础,才能成功地实现自己的理想。现在的时间是最宝贵的,现在的知识也是最重要的,只要紧紧抓住时间和机遇,就会有突飞猛进的进步。

在高三的学习生活中,我感到了学习的压力,有压力才能促使人进步,有压力才能知道学业的艰难,有压力才能知道实现理想要经历的困难和坎坷。

虽然我现在还不能完全投入到学习当中,但我不会将我的理想抛在脑后,我一定将我的理想时时刻刻放在心上,作为我学习旅途中的一个加油站，时时刻刻地鞭策我努力学习，到达成功的彼岸。

男：进入高三了，理想对我们的学习生活有影响吗？对我们的学习有帮助吗？请听丁同学的见解。

学生丁：每个人的心中都有一个理想，但能否实现，就要看自己的努力了，我的理想是当一名教师。因为教师是最崇高的职业，他们就像辛勤的园丁一样，培育着祖国明天的希望，为社会输送有用的人才。只有理想是不够的，还要付诸行动，理想才会成为现实。俗话说得好："老师要给学生一杯水，自己就必须要有一桶水。"为了以后不"误人子弟"，我现在就必须要努力努力再努力，我近期的目标就是考上一所理想的一类大学。要想考入那些学校，光靠聪明是不行的，真得要进行一番艰苦的奋斗。但是，"人无压力轻飘飘"，压力要转化成动力，我们才会进步。人人都想上好大学，我也不例外。我觉得，重点学校与普通学校的主要区别有两点：一、重点学校的学生大多是成绩良好的"尖子生"，我们和他们在一起学习会有紧迫感，促使自己不断努力，达到新的高度；二、重点学校的学习氛围较好，学习气氛很浓，教学设备也比较先进，为学习创造了较好的条件。只在这里空谈是没有用的，要真正地去努力，希望才会成为现实。为了我的理想，我现在要加倍努力。在学校里，上课要认真听讲，理解老师讲的所有知识，遇到不懂的题一定要尽快问，不要等堆在一起了再问。而且要抓紧一切时间完成作业，在学校多做一点，回到家就可以有多一点时间复习。但也不能盲目地为了写作业而写作业，那样是没有用的，一定要在理解的基础上去完成。回到家的复习是必不可少的，首先要回忆老师上课讲的内容，都会了以后，再做一些课外习题，一定要保证做一道对一道。最后，预习一下第二天要学的知识，找出问题，第二天在课上解决。

这些事情说起来容易，但做起来难。只要持之以恒，我相信“功夫不负有心人”，我一定会实现理想，为自己的人生旅途添上光辉的一笔。

女：丁同学的经验值得我们大家学习。

男：对，尤其值得我学习，我平时不努力，所以现在我的成绩才这么差。不过，我今后一定努力，好好学习，把成绩提上去。要不然，长大以后怎么在社会竞争中站稳脚跟啊！

女：你说得太好了，我想你一定会成功的。我想跟你有同样想法的戊同学也会成功的。现在，咱们听听戊的演讲。

学生戊：当今社会，竞争之激烈，形势之严峻，大家都已了解。作为高中生的我们，以后就会步入社会，那时，职业将会代替学业，成为我们最重要的事情。所以，每个中学生成人之后的理想，以及现在所付诸的努力，都是至关重要的。

我的理想不是当一名工人，也不去当那“万众瞩目”的明星，更不是当一名伟大的科学家。当一名教师的理想，早已在我心中萌芽。教师是人梯，是人类灵魂的工程师，我要当教师，要为培养未来英才付出辛勤的汗水。

步入社会，距离高中毕业的我们还有一段时间，而对于我们高三学生的近期目标，就是平时踏踏实实地学习，巩固基础。虽然现在我自身的情况离考上重点大学还有一定的差距，但是我坚信“事在人为”，“只要耕耘就必定会有收获”。上届高三学生考入重点大学的也不止一个，这也一直增强了我的信心，鼓舞着我，我们不是还得到了一些学习方法的“真传”吗？凭着良好的学习方法，带着自信心，靠着自己的刻苦努力，成功——当然没问题！理想，要靠行动来实现，我们不能整天说大话、喊口号，只有“风”才能使理想的风帆高扬。从现在努力，首先要明确学习目标，端正学习态度，并把心思花在学习上，其次，要勤学苦练，知识不单单在于课上老师讲的知识，更重要的是开阔自己的思维，补充知识，多听、多写、多练。再次，要善于学习，掌握科学而巧妙的学习方法，也是成功必不可少的条件。

理想，是指路的明灯；实践，是实现理想的阶梯。祝愿大家在面临人生第一次重大转折的一年中，找到属于自己的船，扬起理想的风帆，为自己的未来打下坚实的基础！

男：学习好的同学有理想，学习上困难重重的人是否应该胸无大志呢？下面我们听听己同学的演讲。

学生己：“学海无涯苦作舟”，在这漫漫无边的海里，我们这些小小的帆船将何去何从？作为高三的学生，考上理想的大学，就等于在学海中到达了第一个胜利的彼岸。哦！想象中一切都是那么美好！

可惜幻想不等于理想，理想才是真正的船帆，而幻想只是遥望彼岸的高倍望远镜！理想对于我们曾经是那么遥远，刚进高中，我们一个个都说：“三年后，我一定能考上重点大学！”可是现在不是三年了，而是一年、几个月，三年前的理想是遥远的，一年后的理想指日可待。我们应该问问自己：“我能考上重点大学吗？”

如果能，从现在开始你应再接再厉；如果不能，你应加倍努力，甚至于“玩命”苦学；如果还不能，你应再问问自己：“我能考上大学吗？”能，就拼着去考二类大学；不能，拼了这条“小命”，相信你能考上三类大学。

扬起你的船帆，能到多远到多远，至少到了那彼岸时，你能无愧地对自己说：“我尽了自己的全部力量！”

男：听了同学们的理想和行动，我的感触很深。我会从现在做起，从小事做起。

女：我也会加倍努力！下面，请看情景剧《为中华之崛起而读书》。

由同学表演周恩来小时候“为中华之崛起而读书”的故事，从这里引出新世纪的青少年的学习生活。有的同学嘲笑这种学习生活，认为这已经过时了，应该用父母的钱来享受生活；有的同学以此为榜样，刻苦学习知识，努力攀登科学的顶峰；有的得过且过，差不多有学上就行。最后同学讨论，得出最佳的学习方式，以实现自己的理想。

女：这个情景剧反映了我们新时代的青少年的理想和志向。下面再看看我们的老师的理想和他们的中学生活（录像略）。

男：听了老师的理想，看了同学的志向。我想，经过我们大家的努力，我们的未来一定会特别美好。你看，2008 年，奥运会在我们首都北京举办，我们那时大学刚毕业，我们肯定会为奥运会做出自己的最大的贡献。那时，我们会是什么样呢？请看小品剧《相聚 2008 年》。

通过设想 2008 年，全班同学都回到母校来相聚，每个人都实现了自己的理想,找到了满意的工作。有的同学在2008年奥运会上获得了冠军;有的同学是奥运会的工作人员;有的同学准备出国深造;大家共同畅想今后的幸福生活。有的同学又提起了这次班会,大家又回忆起了以前的高中生活。

女:朋友,当你在深夜挑灯夜读时,想想你的理想,你会觉得有无限动力;当你遇到难题时,想想你的理想,你会觉得它只不过是海上小小的礁石;当你要进入梦乡时,想想你的理想,保你美梦伴到天明;当你早晨准备踏上征途时,想想你的理想,你会觉得它像晨光一样光明!

男:让我们每个人扬起理想的风帆,顺利到达成功的彼岸。

男女(合):主题班会到此结束。

班会反思

通过这次主题活动,学生都树立了远大的理想和志向,也制定好了近期的目标,为考上一所理想的高中而努力。祝愿他们扬起理想的风帆,到达成功的彼岸。

通过这次主题活动,家长也受到了启发。因为,有的家长过去对孩子要求不高,认为有学校上就行,不必提出过高的要求。这次活动,学生家长参与了准备过程,他们深刻地感受到孩子要在未来的社会竞争中占一席之地,一定要有真才实学才行,必须通过努力才行。人无压力轻飘飘,有理想才有动力。所以在高三这个关键时期,开展这个主题活动非常必要。

一种理想，就是一种力！

——罗曼·罗兰

走向成功

从学生问卷调查可以看出：高一年级的学生大都有着上重点大学的梦想，但却又认为学习生活太紧张，不适应，感到反感和无奈。

1. 通过各种形式的活动使学生明确：一个人，只有立下一个切实可行的志向，才能有成功的机会，或者更准确地说，才具备抓住机会的基础。

2. 使学生理解仅仅立志是远远不够的，实现理想的道路通常是不平坦的，在通向成功的路途中常与失败和挫折为伴，因此，要有吃苦的准备，要学会用科学的方法，调整自己的心态，乐观豁达地面对困难，勇往直前。

3. 要使学生理解，无论聪明与否，都需要努力学习，这样才不会使自己变得平庸。

班会过程

一、班会程序

1. 引言，宣布主题班会开始。

2. 老师展示带来的两样东西：一瓶砂石泥土，一串闪光的珍珠。引发思考：原本一样的砂石，为什么有了如此之大的差别？

3. (放轻音乐)学生朗读散文《长成一颗珍珠》。

4. 请主持人采访同学，谈听后感想(实话实说)。

5. 寓言《点石成金》。

6. 小品《一个天才》。

7. 主持人采访同学。

8. 学生代表小结。

9. 每位同学在《真心英雄》的歌曲声中，用画笔描绘理想中的自己，配以100字以内的小文章。

10. 把描绘着自己未来的纸叠成“珍珠”(球状)，老师寄语。

11. 宣布主题班会结束。

二、班会纪实

女：每个人都希望有一个美好的未来。

男：如果我们有马良的那支神笔，就能画出想要的未来了。

女:如果你真想拥有这样一支神笔,那么就请你认真地投入到这个主题班会中来吧,你一定会在这里找到拥有它的方法。

合:主题班会现在开始!

男:今天,老师带来的两样东西,让我迷惑不解。

女:是什么?请老师给大家看看,让同学们帮助你解释一下。

老师:(一手拿瓶砂石泥土,一手拿串闪光的珍珠)同学看到了这两样风马牛不相及的东西,知道我的用意吗?(等待学生思考一会儿)

听了××同学带来的一篇散文,大家就会明白了。

(放轻音乐《卡瓦蒂娜》)××同学朗诵散文《长成一颗珍珠》。

长成一颗珍珠

很久很久以前有一个养蚌人,他想培养出一颗世上最大最美的珍珠。

于是,他去海边沙滩上挑选砂粒,并且一颗一颗地问那些砂粒,愿不愿变成珍珠。让他意外的是,那些砂粒一颗一颗都摇头说不愿意。养蚌人从清晨问到黄昏,他都快绝望了。

就在这时,有一颗砂粒答应了他。旁边的砂粒都嘲笑起那颗砂粒,说他太傻,去蚌壳里住,远离亲人、朋友,见不到阳光、雨露、明月、清风,甚至还缺少空气,只能与黑暗、潮湿、寒冷、孤寂为伍,不值得。

可那颗砂粒还是无怨无悔地随着养蚌人去了。

斗转星移,许多年过去了,那颗砂粒已长成一颗晶莹剔透、价值连城的珍珠,而那些曾经嘲笑它傻的伙伴们,却依然只是一堆砂粒,有的已风化成土。

女:大家给文章补上一个理想的结尾吧!

(请同学讨论,略)

男:我也采访一下老师,听听老师的说法。

老师:砂粒和珍珠,现在的它们是那么的不同,但是,原本它们都是一样的,甚至可能躺在同一个海滩上冲过海浪,晒过太阳。但是有的砂粒有着变为珍珠的理想,而有的却只是安于现状,得过且过。每个人都渴望成功,但不是每一个渴望成功的人都愿意为之付出艰苦的努力。如果说世上有"点石成金术"的话,那不就是"不畏艰难困苦"嘛。

女:是啊,当我稍稍感到有些累的时候,就常想,要是真有点石成金术就好了!原来它就是不畏艰难困苦啊!

男:老师说的是如果,是个比喻。不过说到点石成金术,其实,它就在大家身边,只是你稍不留神,它就会跑了!不信。××同学就要告诉大家这样一件事。

××同学上场讲《点石成金》。

点石成金

从前,有个阿拉伯商人,他每天深夜就要起床,到很远的地方去进货。十年如一日,从不间断。他常想:要是能点石成金该多好啊!有一天,他像以往一样赶夜路,走着走着听到有一个声音对他说:"捡起一些石头来,放进你的行囊。"他很诧异,但还是照着做了。过不多时,同一个声音又响起来了,于是他又捡了一些不大的石头。这样反复了几次,他的行囊越来越沉了,行走越来越吃力,他恼火起来,对冥冥中发着牢骚,最后,他不顾那个声音的告诫,扔掉了几乎所有的石头,只勉强留下了一些很小的石子。这时,他轻快多了。天亮了,他快步赶往集市,当他打开行囊时,他惊呆了,那些小石子都变成金子了!这时,他是多么后悔啊。这样的机会以后再也没有出现。

女:你不觉得,那个声音有些耳熟吗?

男:当然,不过,我要采访几个同学,看大家是否都听出来了!(采访同学。)

女:没错,就是老师常说的,“多在头脑中放些知识吧,今天锻炼自己的能力,就是明天成功的基石”。

男:是啊,我们现在总觉得学习是件苦差事,但是现在装进我们头脑的,不正是助我们成功的“金子”吗?!

女:如果你不愿付出艰辛,就是真有点石成金术,你也不可能得到。

男:可是,同学中总有这样的一种想法。

女:什么想法?努力学习,不怕困难不就得了!

男:可有的同学就认为,我这么聪明,哪用得着这么费劲呢?什么刻苦努力,那都是笨人的做法!

女:那就请大家跟我们一起,穿越时空,到古代去看一个天才的结局,他可比我们聪明,据说五岁就能写出常人所不及的诗来了!下面请欣赏小品——一个天才。

小品：一个天才

仲永手拿笔上，高兴地昂着头：我叫方仲永，今年才五岁。我学东西特别快，一听就懂，现在我写的诗，就连秀才们都自叹不如呢！（背古诗下，仲永父母上）。

母：咱们该给仲永请一个师傅，教他一些更高深的知识了吧！

父：咱家孩子是天才，哪用得着啊！

（亲朋友上）听说仲永近来佳作不断，思如泉涌，就连最是德高望重的老先生也赞叹后生可畏，真是个天才呀！

父：听见了吧，还学什么？若继续读，那是笨人的事！我要带他到各亲戚朋友家去做客，光耀光耀我方家的门楣！

旁白：不知不觉七年过去了，方仲永再也没有继续读书。

（亲朋好友上）

甲：听说仲永还偶有诗作。

乙：只不过平平常而已。

丙：大不如前了！

众：唉！

旁白：转眼又是七年。

（父、仲永上）

父：仲永，前天，郭先生出题让你对的对联写出来了吗？

（仲永低头不语）

父（大声地）：问你话呢？

仲永：没有。

父（焦急地）：为什么？近来已很少再有人请你写诗、对对子了，还没时间写？

仲永：不是的，我……

父（生气地）：说话！！

仲永：我……我……现在我也不知道怎么写才好。

父（颓然地坐下）：哎……

女：我又忍不住要采访同学了。（请同学发言，略。）

女：怎么来了一位古人？

（男主持人扮成古人）：我是王安石，我听到你们的议论就跑来了，对于方仲永，没有人比我更了解他了，真是可惜啊！我为此特意写了一篇文章《伤仲永》，为的就是告诫后人，一定不要聪明反被聪明误，刻苦学习是所有人都需要的，可不是笨人的专利哟！别再重蹈方仲永的覆辙呀！

女：这位王安石怎么这么眼熟啊！这不是××嘛！

男：是我，不过，我肯定说出了王安石想对大家说出的话。

学生代表：你们还记得班会开始时，给同学们的许诺吗？

男女合：当然记得。我们要让大家都拥有那支能够使梦想成真的"神笔"嘛！

学生代表：好吧，就让我来告诉大家，那支我们赖以成功的"神笔"，就是怀着理想、脚踏实地地学习，不论身处顺境还是逆境，不管聪明还是一般。

女：书山有路勤为径，学海无涯苦作舟。勤与苦是成功的本源，是成功的天梯。

男：只要横下一条心，一步一个脚印，沿着这条天梯艰苦攀登，不回头，不动摇，终能越过“中天门”，登上“十八盘”，成功到达“玉皇顶”，去领略那“一览众山小”的境界。

男女合：让我们拿起手中的画笔，描绘自己理想的未来。

老师：其实，我们每一个人都有一支“神笔”，让我们紧紧把握住它，不要让它失落。这可是人生的至宝啊！你忍耐着、坚持着，当走过黑暗与苦难的长长的隧道之后，你或许会惊讶地发现，平凡如砂粒的你，不知不觉中，已长成一颗珍珠了！

（放歌曲《真心英雄》把描绘着未来的纸叠成“珍珠”，记住今天自己的承诺。）

主持人宣布主题班会结束。

班会反思

人生的道路是漫长的，在这万里航程中，关键的地方只有几步，这几步走好了，就会为未来打下一个良好的基础，一步走错了，往往追悔莫及。而高中阶段正是这关键几步中的一步，然而，要走好这一步又谈何容易！

这一阶段恰恰是“青春断乳期”，特别是现在的学生大都是独生子女，特殊的家庭地位决定了他们半幼稚、半成熟，独立性、依赖性、自觉性、冲动性的心理矛盾更加突出。一方面，他们开始自觉地关心自己的发展、自己的作用，进行自我评价；另一方面又往往过高地估计自己的能力，取得一点点成绩就沾沾自喜、盲目乐观，看不到前进途中的艰难险阻，受到一些小挫折，又会悲观失望，举步不前，不知道只有付出辛苦的努力才会到达成功的彼岸。

通过这次主题班会，老师和学生的心一下子拉近了许多，学生理解了老师对他们的良苦用心，学习上的畏难情绪少了，厌学的学生也认真听课了。谁说高一的孩子只知道玩闹，只要做通他们的思想，把大道理实在化，让他们自己认识到这道理，他们那般可爱的认真劲儿是多么喜人呀！

生活中没有理想的人，是可怜的人。

——屠格涅夫

我要飞翔

进入高二年级，对于很多同学来说都是新的环境，大家彼此陌生，但大家的心里面都有一个属于自己的梦。为了坚定同学们的信念，挖掘同学们潜在的理想，鼓舞同学们为自己的理想执著追求的勇气，同时，为了增进这个新组建的班级的凝聚力，以及同学之间的相互了解，特组织《我要飞翔》主题班会。

通过这次班会，增进同学之间的相互了解，增强班级的凝聚力，建立班级团结向上的学习氛围。

班会过程

一、班会程序

1. 调查并请学生畅谈未来理想职业。
2. 节目表演,诠释理想。
3. 班会结束语。

二、班会纪实

引入(歌曲)

占卜未来:通过调查,对同学们未来的理想职业做出统计(事先将其书写在教室黑板上),并请有关同学畅谈理想。

歌曲演唱:《有梦好甜蜜》

梦想剧场:

(1)由同学 A、B、C、D 等表演自编自导的小品《画家的一生》

(2)由 H、I、J、K 表演小品《风流人物》

(3)我和名人比理想

画家的一生

这是一个真实的故事,讲的是我们班甲同学的理想。

甲(A 饰)的第一声啼哭,甲母(B 饰)手拿尿布,笑对甲父(C 饰)说:“呦,你看这……这像什么……”“地图……还是世界地图啊!……”“咱们的小甲啊,将来一定成大事!”小甲在一天天的长大,上小学了,就爱画画,经常拿着画笔外出写生。甲很

快上初中了。一次,已经很晚了,还在认真地看书,甲母进去送点心,发现她在看漫画书,不觉心中大怒,将甲的书狠狠地摔在了地上……可是甲并没有放弃,她继续追逐着她瑰丽的梦想……甲上高中了,可功课一次次地遭受打击,数学老师(D饰)将一张只有30分的数学试卷扔在了她面前,其他的老师也纷纷拿着试卷找甲……甲没有丧失信心,通过自己的勤勉努力,终于成了一个画家……若干年后的某一日,在大街上,一团人围着画家甲签名……

风流人物

人物简介:风流人物主持人——璐璐(H饰),风流人物导演——韩熊熊(I饰),风流人物嘉宾——鱼头律师(J饰),摄影师(K饰)

韩:快点,快点,把架子架好,慢死了!璐璐啊!快点,快点!

璐璐:导演啊,今天我们要采访谁啊?

韩:什么?到现在,我们要采访谁你都不知道!你昨天去干什么了啊?

璐璐:昨天啊……昨天啊……我稍微喝了一点酒。

韩:你喝酒去了?!功课也没做!今天我们要采访的是法律界的鱼头律师啊!

璐璐:啊?他爸是那个著名的医生?

韩:是啊,你怎么知道?

璐璐:哦,她啊,小时候就坐我后面,经常挂着鼻涕……

韩:真的啊!(发现新大陆状)这个要暴料,现在的观众就喜欢听这种!都几点了,鱼头律师怎么还没来啊!明显要大牌嘛！

鱼头：（咳嗽）大牌来了啊！

韩：（脸红）鱼头律师啊，你好，你好（使劲握手）来，你坐这……好了，大家准备好！

璐璐：鱼头律师啊！你还记得我吗？

鱼头：你？哦……没什么印象！

璐璐：你以前经常把鼻涕擦我身上的啊！记得了？

鱼头：（不好意思状）都什么时候的事了，别提了……

韩：（咳嗽），你们叙旧的事就放到节目后再说吧！各部门注意了，各就各位……

陈：导演，我拍哪里啊？

韩：真笨，哪里漂亮拍哪里！各就各位……开始！

（璐璐说台词，鱼头律师跷起了二郎腿）

韩；停，鱼头律师啊，你的腿……像璐璐那样放就可以了。好，各部门注意了，开始！

璐璐：欢迎大家收看我们的《风流人物》……

陈：导演啊，这个摄像机破了，黑的，什么都看不见……

韩：（凑过去看了一下，给了陈当头一记）镜头都没开，你搞什么啊？！（瞥了陈一眼）开始！

璐璐：欢迎大家收看我们的《风流人物》，今天我们请到的是当今法律界的当红玉女派掌门人——鱼头律师。鱼头律师啊，听说律师执照是相当难考的，是这样的吗？

鱼头：是啊，是啊！我就考了七八次吧！

璐璐：那前后一共考了几年呢？

鱼头:不多,不多,也就七八年吧!

璐璐:七八年？那我的青春都没了！鱼头律师啊,那你认为职业操守重要呢,还是案件本身比较重要？

鱼头:这个嘛,当然职业操守比较重要,不过,如果钱够多的话,我还是可以考虑考虑的。香港的电视里不都这样演的嘛!

璐璐:现在的女性都选择一个有钱的老公,你不考虑一下吗？

鱼头:这个你就有所不知了,这个行业的竞争比我们法律界激烈多了……

璐璐:这倒也是啊！那如果给你一个机会,你想感谢哪些人？

鱼头:这个嘛,我首先要感谢我的父母,再感谢韩熊熊导演,接着感谢你们的电视台给了我这么好一个机会。

韩:停,这不是颁奖晚会……

我和名人比理想

介绍两位名人的理想及为自己的理想付出的努力,并请同学畅谈理想……

名人理想材料:

1. 金庸:1937 年,日本发动侵华战争,家乡沦陷,金庸的留学计划已不可能实现。既然出国无望,那么此时的金庸,又萌生出什么理想呢？祖父查文清的经历中,金庸已朦胧感受到外国人欺负中国人的屈辱。眼下日本人正在中国烧杀抢掠,令金庸不时去想:将来做什么才能在维护国家的尊严上更能发挥作用呢？对了,做外交官！他相信,没有比外交官这份职业能更好地实现他的报国之愿了。金庸入学后，一心扑在学业上。他像小学、中学一样，保持着班上学习的第一名。除了学习，他还对国际形势相当关心，因为当时正在进行第二次世界大战。金庸并不是一个两耳不闻窗外事的书呆子，他有一种打抱不平的侠义精神。他想做外交官，想为国操劳！

后来，金庸虽然没有成为外交官，但他的那种精神令人感动，他所创作的作品中也无不显示出他那种深深的侠义之情。

2. 瞎子阿炳：华彦钧幼丧母，由同族婶母扶养。8 岁随父在雷尊殿当小道士。开始在私塾读了 3 年书，后从父学习鼓、笛、二胡、琵琶等乐器。12 岁已能演奏多种乐器，并经常参加拜忏、诵经、奏乐等活动。他刻苦钻研，精益求精，并广泛吸取民间音乐的曲调，冲破道教音乐的束缚。18 岁时被无锡道教音乐界誉为演奏能手。后双目失明，人称“瞎子阿炳”。为谋生计，同时为了他钟爱的音乐事业，为了他的理想，他身背琵琶、胡琴，走上街头，自编自唱，说唱新闻。创作了蜚声国际乐坛的《二泉映月》，还有大量的歌曲，如《听松》、《寒春曲》、《大浪淘沙》、《龙船》、《昭君出塞》。

部分同学的发言：我想当一名律师，惩强除恶，伸张正义的那种……

在优美的音乐声中，全体同学将折好的纸飞机，写上自己的心愿、理想，飞向教室上空……

结束语：

一只蜡烛，燃烧的光亮足以指引我人生前进的脚步；

一杯清茶，飘出的缕缕清香值得我一生去品味；

一粒种子,足以在我的心中长成参天大树。

我要做一支蜡烛,虽只有一点光亮,也要照亮一寸空间;

我要做一杯清茶,把苦涩留在杯中,将清香分享给别人;

我要做一粒种子,即使不能成为绿洲,也可以成为绿洲里的一抹颜色。

我是一粒沙,微不足道,但沙滩堆积着片片柔美那里留有我的足印;

我是一片云,被风飘裹,但天空因云的点缀,若现灿烂那里有我飘过的痕迹;

我是一颗星,毫无华彩,但在寂黑的天际能划过一条弧线点缀一抹柔亮;

我是一棵草,毫不起眼,但我可用另一种视线观察生命的细节……

飞翔,我要飞翔……即使微小,我仍要飞翔。

班会反思

给自己一份信心,给自己一个理由,飞翔的感觉其实很美。通过这次班会,学生们普遍坚定了心中的理想,学生们畅谈理想,通过小品的形式将自己的理想表演出来。每个人都有所收获,这或许就是这次班会的最重要的意义。

只有向自己提出伟大目标并以自己的全部力量为之奋斗的人，才是幸福的人。

——加里宁

超越梦想

进入高三,经过一段时间和学生的交流,发现很多学生无论是在学习上还是心理上都存有很多的困惑。有些学生在学习上很被动,有些学生在心理上给自己过多的压力,所以高三初期出现了不适应状态,为了可以帮助学生更好的调整自己,希望这次班会课可以帮助学生更好地调整自己。

班会过程

一、班会程序

1. 宣布主题班会开始。

2. 心理老师发言。

3. 歌曲《我的未来不是梦》。

二、班会纪实

主持人:大家下午好!不知不觉我们已经走入了高三,我还很清楚的记得高一的时候班主任老师和我们说高中三年过的很快,那时还觉得高三还很遥远,如今高三已经在我们眼前,我们都做好准备了吗?

听师哥师姐讲过很多高三的故事,有酸、有甜、有苦、有辣,今天就让我们一起来畅谈一下我们自己的梦想。首先我们一起来看看“小美的高三生活”(flash 漫画描述的是一个女同学为了实现自己的清华梦想从一个美女变成了满脸长满痘痘的胖妞)。

同学们各抒己见,讲述自己的看法和想法。有同学认为这个很值得,有同学认为没有必要,也有同学认为要劳逸结合,既要实现梦想又不能忽略了身体。

主持人:我们每个人都有自己的梦想,都有自己实现梦想的计划。在为实现梦想的道路上难免会有磕磕碰碰,很难保证一路顺风,高三时间很短暂,我们都希望能够以最好的心情走过这一段重要的历程,今天我们请来了心理老师,我们以热烈的掌声邀请屈老师来给我们讲讲高三要注意的问题,同学们心中的困惑也可以向屈老师倾诉。

屈老师向同学们讲了一些高三阶段常出现的问题以及同学们要注意的事项。同学们也积极的向屈老师请教,从老师那得到正确的指导。

主持人:谢谢屈老师的指导。相信我们班的每一位同学都能以最好的心态走过高三阶段，相信我们整个班级会携手共进。大家在一起已经两年，生活在一个五十二个人组成的大家庭中，我们深知集体的力量，班级环境对我们的影响，让我们一起举起双手在这里写上我们的名字签上我们的手印，这是我们要努力实现梦想的见证。

放音乐《我的未来不是梦》，由两位同学领唱，全班合唱。

班会反思

活动气氛热烈、台上台下发言踊跃，妙趣横生。通过讨论，对一些问题达成了共识，一些不正确的负面的心理得到了正确的指引。班会课后学生的学习热情高涨，心态更加平稳，自习课的纪律变得更加良好，同学们也更加注意了在学习上互相帮助。

本次主题班会，在班干部策划下，组织学生充分展示自己的想法，解决了学生心中的很多问题，让学生们深刻的意识到高三的学习需要良好的心态离不开良好的集体环境，效果明显。本次班会，充分发挥学生的主体作用，以学生为中心，让学生现身说法，让学生在参与活动中体会到主题，共同进步。老师走到了幕后，这也充分体现了现代教育的理念：老师只是学生学习的一个“助手”，学生才是自己成长的主人。

深窥自己的心，而后发觉一切的奇迹在你自己。

——培根

我的未来不是梦

高中毕业是人生旅途的一个重要转折点，同学们对自己的未来都有着美好的设想，各种各样的理想充盈心中，都在为高考做着充分的准备，努力拼搏着。

通过活动，教育同学们正确看待高考，做到一颗红心两手准备，正确地看待成功与挫折，提高学生对未来的自信心。

班会过程

一、班会程序

1. 宣布主题班会开始。

2. 谈谈对未来的设想。

3. 演讲《让生命之火为理想燃烧》。

4. 小品《跟着感觉走》。

5. 演讲《扬起自信的风帆》。

6. 配乐散文《男儿当自强》。

7. 朗诵《渴望七月》。

8. 宣布班会结束。

二、班会纪实

主持人男：高三的学习生活是紧张忙碌的，“三更灯火五更鸡，正是男儿读书时”是我们生活的真实写照。

主持人女：高三的学习生活也是丰富多彩的，“我想唱歌可不敢唱”的时代已成为历史。

主持人男：当我们即将告别可爱的中学时代，我对母校充满了留恋，对未来也充满了梦想。

主持人女：我梦想能成为一名宇航员，飞向太空，去把未知的宇宙探寻。

主持人男：我梦想能成为一名作家，妙笔生花，来把美好的生活描绘。

主持人女：不，这些全不是梦，只要我们努力，满怀信心，我相信，所有美好的梦想都能变成现实。

主持人合：《我的未来不是梦》主题班会现在开始。

主持人男：未来，多么令人憧憬，多么令人向往。

主持人女：正因为有对未来美好的憧憬，我们才对生活充满希望。

主持人男：正因为有对未来热烈的向往，我们才有进取的勇气和奋斗的力量。

主持人女：我们青年人，哪一个不爱用心中彩色的画笔去把美好的未来描绘？现在，就请同学们来谈谈自己对未来的设想。

同学 A：我希望我以后能成为光荣的人民教师，像我们的老师一样，教书育人，桃李满天下。

同学 B：我希望我以后能成为一名医生，妙手回春，救死扶伤。

同学 C：我希望未来的我是一名画家，用手中的笔描绘人间一切美好的事物。

同学 D：我希望我能成为一名将军，指挥着千军万马，保卫祖国的大好河山……

主持人男：刚才同学们所言，既是对未来的描绘，也是对理想的呼唤。

主持人女：但是，在通往未来的旅程中，在实现理想的征途上，并不是一帆风顺的。“寄语中流行渡者，满江风雨莫停桡”，我们应该奋勇向前，为了光辉灿烂的未来，让生命之火为理想而燃烧。请听演讲《让生命之火为理想燃烧》。

让生命之火为理想燃烧

理想，是生命之光，是人的精神向往。

理想的实现，绝不像湖心荡舟，客厅品茶那样轻松悠闲，它需要一种自强不息、贡献一切乃至生命的精神。古往今来，世界上任何一个有作为的人，无不是全身心地投入自己所为之追求的理想。我国古代大诗人屈原，为了实现理想中的“美政”，“亦余心之所善兮，虽九死其犹未悔”；伽利略由于宣传太阳中心说的观点而屡遭罗马教廷的残酷迫害，直到最后含冤而死。

我们的革命先辈为了实现中华民族解放的理想，为了“赤色的旗儿飞扬”，更是把个人得失、安危置之度外，毅然奔上革命的征途，把自己的一切献给最壮丽的事业。

这种献身精神，不仅战争年代需要，在我们建设有中国特色的社会主义的今天也同样需要。如果你立志做一个科学家，那么，就需要通晓中外科学家在有关领域所完成的工作，总结他们的经验和教训，然后在最新的起点上攀登科学高峰。从事这些工作，就像在荆棘丛生的荒野中寻找珍宝，其艰难程度可想而知。如果你要当一名工人或农民，在平凡的岗位上为社会主义建设事业添砖加瓦，那么，你就要努力掌握日益先进的生产技能，不畏惧恶劣艰苦的工作环境，克服这些困难，同样需要有信心和毅力……“真正的人生，只有在经过艰苦卓绝的奋斗之后才能实现。”同学们，俗话说“自古英雄出少年”，青年，是人生中生命力最旺盛的时期，也是最富想象力、精力最充沛的时期，让我们的生命之火为理想而燃烧，用自己的辛劳和汗水，谱写一曲壮丽的青春之歌！

主持人男：让生命之火为理想燃烧，多么催人奋进。可是，有的人却不这么想，什么理想啊，未来啊，对他来说，都无所谓，请看小品《跟着感觉走》。

主持人女：我觉得小品中的李想并非真的没理想。你看，他经常哼的这支歌里不是有一句“希望就在不远的地方等我”吗？他只不过不能脚踏实地，正视自己的缺点与不足，我觉得他关键是缺乏自信心。

主持人男：所谓信心，就是希望。在人生的旅途上，不仅要有理想这盏指路明灯，还应该扬起自信的风帆，请听演讲《扬起自信的风帆》。

扬起自信的风帆

所谓自信，就是要充分地相信自己，坚信别人能办到的事，自己也能办到。心理学认为：自信是指人因对自己的优点、优势、特长的充分认识而产生的自己相信自己的心理感受。它是人奋进的风帆，能推动人不断前进，能把可能变为现实，甚至赢得意想不到的成功。

古今中外大凡有所作为的人，无不对前途充满信心。生物学家达尔文在学生时代被许多人认为“十分平庸”、“智慧在一般人之下。”如果达尔文自甘落后的话，大概以后就不会首创生物进化的新学说了。法国著名作家巴尔扎克的处女作《克伦威尔》被认为是“很差”、“毫不足取”的作品，如果巴尔扎克在这种无情的批评下自卑了，沉沦了，却步了，那么以后他就不会有文学巨著《人间喜剧》的问世。巴甫洛夫曾宣称：“如果我坚持什么，就是用炮也不能打倒我。”大量的事实无不证明：自信是成功的基石，是精神的支柱。只有对自己所从事的事业充满必胜的信念，才会不断探索，不断进取。

要增强自信心，务必打破自卑感。自卑与自信是背道而驰的。自卑是怯弱者自甘堕落的温床，它像一根潮湿的火柴，永远也不能点燃成功的火焰。许多人的失败，不是因为他们不能成功，而是他们不敢进取。他们把成功的“金字塔”看得神乎其神,望而生畏,从而放弃努力,甘居落后,碌碌无为。可见自卑乃是事业上的大敌。

增强自信心,还必须有勤奋进取、坚持不懈的精神。须知,勤奋是通向成功的必由之路。要获得事业上的成功,不是轻而易举的,成功之路绝不是平平稳稳,一帆风顺的。它曲折、崎岖、荆棘丛生。这时就需要有自信作为精神支柱,就需要做坚持不懈的努力,付出巨大的代价。否则,自信便有如沙滩上的楼房,水面上的气泡。然而,自信又需有勤奋做基础,没有勤奋的盲目自信,结果仍然会跌入自卑的陷阱。

主持人男:曾经怀着几分清高几分梦幻走过充满阳光的日子。

主持人女:曾经用自己几分真诚几分惆怅去想象未走过的路。

主持人男:终于,七月来了,我们带着满腹的知识,迈着自信的步伐走进考场。

主持人女:可是,不是一切种子都能找到生根的土壤;不是一切希望都能奏响胜利的篇章。

主持人男:当考场失利的消息传到你的耳畔,朋友,你会怎样?

主持人女:也许你会把自己关在屋子里,泪眼迷离。

主持人男:也许你会封闭自己的心灵,让希望在沉默中消亡。

主持人女:不,不要这样。“人间没有永恒的夜晚,世界没有永恒的冬天”,真正的勇士怎会畏惧失败与挫折?

主持人男:现在就读于北京大学的××,是我们的校友,也曾是一个高考的落榜者，现在，就让我们看一下他的文章，听一听他的心声。请欣赏配乐散文：《男儿当自强》（略）。

主持人女：条条道路通罗马，成功之路千万条。也许你不能走进大学的校门，但社会这所没有围墙的大学永远是敞开的。如今，改革开放，为所有有志青年创造了施展才华的天地。

主持人男：七月，战斗不歇的日子。

主持人女：七月，收获希望的季节。

主持人男："面壁十年图破壁"，七月，我企盼着你，我渴望着你。请听配乐诗朗诵《渴望七月》（略）。

主持人男：破釜沉舟，百二秦关终属楚，

主持人女：卧薪尝胆，三千越军可吞吴。

主持人男：我相信，只要是玫瑰，总有吐露芬芳的时候。

主持人女：我相信，只要坚韧不拔地努力，总会有到达成功彼岸的那天。

主持人合：我相信，我们的未来不是梦，我们的明天灿烂辉煌。

主题会在《我的未来不是梦》的歌声中结束。

在逆境中不失自信，古今中外屡见不鲜：张海迪幼年因病高位截瘫，她自信努力，成为作家、翻译家；被誉为科技"铁人"的高士其，他在病情不断恶化，从半身瘫痪到全身瘫痪，失去讲话能力的情况下，他还创作了60多万字的科学小品和科普论文，创作了两千多行诗歌，著述新书十几本；屈原被流放写

成《离骚》；孙子受膑刑后著《孙膑兵法》；司马迁遭宫刑写《史记》；贝多芬耳聋后谱出《英雄交响乐》；奥斯特洛夫斯基在失明瘫痪中写出《钢铁是怎样炼成的》。本次班会创造了一个宽松、和谐的气氛，鼓励了学生们的士气，帮助他们树立信心。

理想如晨星，——我们永不能触到，但我们可像航海者一样，借星光的位置而航行。

——史立兹

寻找人生的“支点”

在紧张繁忙的生活学习中，有的同学迷失了方向，对未来充满了迷茫。通过本次活动，促使团员相互交流思想，讨论、探索人生的真谛，从而引导他们树立远大的人生理想和正确的人生态度。同时，锻炼大家的逻辑思维能力和语言表达能力。

班会过程

一、班会程序

1. 班会开始。
2. 演讲。
3. 小品。

4. 独唱。

5. 故事。

二、班会纪实

主持人合:《寻找人生的"支点"》主题班会活动现在开始。

女主持人:阿基米德曾经说过:"给我一个支点,我就能撬动地球。"拿破仑也说:"我则可以创造一个支点，只要我有足够的毅力，勇气和智慧。"

男主持人:在物理学上,恰当的支点是杠杆充分发挥作用的关键;在生活中,寻找一个恰当的"支点"则是事业成功的关键。下面请几位同学谈谈他们将选择什么样的人生"支点"。

A 同学:我找到的"支点"——用奋斗奏响生活的琴弦。

朋友,你有没有观望过百舸争流的生动景象?在宽阔碧绿、气势浩渺的江面上,大小不等的帆船顺流而下走在最前面的,总是那些船工奋臂挥楫、紧张战斗的船只,而逍遥自在、仅仅依赖风势水流的船只,则被远远地抛在后面。百舸争流,奋楫者为先！这正是人生最真实的写照。宋代著名词人辛弃疾也曾写道:"江头未是风波恶,别有人间行路难。"人生恰如行舟,人生必须奋斗!

然而,打开生活的画卷,观察形形色色的人生旅途中的过客,我们就会反复地看到两种迥然相反的形象:

一种人始终保持着青春的朝气,他们从不埋怨生活的坎坷,哀叹个人的不幸,有前进的道路上,遇有困难就攻克它,碰到挫折就战胜它,小有成功则加倍努力,大有作为则更加发奋,在物质生活上以俭朴为乐,在精神生活上以高尚为荣,在创造生活上以进取为贵。他们时时渴望为社会做出贡献,愿意在改造世界的实践中求得自身的完美发展。他们总是那么顽强,那么坚韧,那么自强不息,认定了正确的方向,就执拗地、百折不挠地勇往直前,不到生命的尽头,决不停止辛勤的耕耘。

另一种人则无所作为,墨守成规,安于现状,不思进取。他们图享受求安逸,慕虚荣尚清闲,顺利时得意忘形,遇逆境垂头丧气,在挫折面前畏葸不前,在成就面前踌躇满志。他们很少想到要去正视困难,战胜困难,更不懂得困难中孕育着胜利和成功的希望。他们既无吃苦的准备,又无奋斗的热情,更无创造的雄心。他们所企求的,是舒适的小家庭,温柔的爱人,美丽的孩子,只此足矣,别无他求。他们虽然还年轻,可是思想却提前衰老了,斗志已经磨灭,精神上的发展已经进入暮年的困境。

这是两幅完全不同的画像。一个有为的青年应该立志做前一种人,避免做后一种人。要把艰苦奋斗的精神贯穿到物质、精神、创造三种生活中去,用这种积极向上的人生哲学,为社会做出应有的贡献,为后人留下可资仿效的榜样。

琴弦松弛,弹不出悦耳的音调;生活悠闲,点不燃青春的火种。生活的琴弦只有用艰苦奋斗才能奏出时代的乐曲。

男主持人:听了刚才那位同学的演讲,我想我们每个人对奋斗在人生中的重要地位有了更深刻的认识。

女主持人:是的。幼芽出土要顶住泥土的压力,雏鸡的问世要冲破坚硬的蛋壳,自然界的一切生物,要在大千世界中占有一席之地,就不可避免地要经过一番激烈的竞争、角逐,那么,人生在世就更其如此了。

男主持人:然而也有这样一种人,生来就过着比较优裕的物质生活,无忧无虑,一帆风顺,甚至不必为自己的前途事业操心。他们也有自己的“人生支点”。

女主持人:请看小品《我有一个“好爸爸”》。

(小品大意:主人公有一个当领导干部的爸爸,什么事情都是由爸爸事先安排好了。主人公也变得依赖性愈来愈强。)

男主持人:小品结束了,笑声之外,也带给我们深深的思考——我们该怎样看待主人公的“支点”呢?

下面请同学们即兴发言讨论。

同学甲:有一个“好爸爸”当然是幸福的。然而,遗憾的是,人们虽然可以改变环境,却无力选择自己的家庭和出身。当我们像千千万万的青年一样降临到一个普通的家庭里,这纯粹只是“上帝”的一个偶然安排。家庭,对于有志气、有抱负的青年来说,自古以来就只是养育和生活的场所,它既没有理由成为骄傲的资本,也不应成为自弃的包袱。我们有一双勤劳的手,有一颗健全的头脑和强壮的身体,我们掌握了认识世界和改造世界所必需的科学文化知识,我们理应用自己的汗水去开拓人生的新路!

同学乙:“父功子荫”,这是封建社会遗留下来的旧意识,必须扫除。

同学丙：是的。古今中外历史上，有几个伟人、大师是靠着“好爸爸”成才的呢？高尔基、鲁迅、居里夫人、富兰克林……无一不是出身贫寒，自强不息。

女主持人：《国际歌》中有这样一句话说得好，“要创造人类的幸福全靠我们自己。”下面，请听女声独唱《幸福在哪里》。

纯真的双眼已被世俗掩埋
眼里的纯洁已蒙上了尘埃
长大了的我们
懂得了更多的是无奈
快乐的心情已很少再来
岁月似流水一去不再回来
好怀念童年那个天真的小孩
一个玩具就能乐得开怀
受了委曲流下眼泪就云散雾开
忙碌的人们忽略了平凡的精彩
每个人都在轻轻轻轻地问
幸福在哪里
朋友哇告诉你
它不在月光下
也不在温室里
幸福在那里
朋友哇告诉你
它在你的理想中

它在你的汗水里

岁月似流水一去不再回来

好怀念童年那个天真的小孩

一个玩具就能乐得开怀

受了委屈流下眼泪就云散雾开

忙碌的人们忽略了平凡的精彩

每个人都在轻轻轻轻地问

B 同学：刚才，×××用歌声表达了自己对“支点”的理解，下面，我为大家讲几则关于失败的小故事。（故事大意：根据自己学习、生活中遇到的挫折，经过努力战胜了困难的故事。）

男主持人：B 同学讲的故事告诉我们这样的道理：人生的过程，从某种意义上说，就是不断战胜失败的过程。

女主持人：失败是成功的台阶。任何成功都包含着失败，每一次失败，又是通向成功的台阶。正视失败、战胜失败，也应该作为我们人生强有力的“支点”之一。

男主持人：那么，艰苦奋斗的精神，坚韧不拔的勇气，来源于何处呢？请听演讲《筑起心中的“太阳城”》（表演的同学上台演讲。）

筑起心中的“太阳城”，让我们从一个遥远的故事讲起吧。

时间：17 世纪初叶

地点：意大利

人物：空想共产主义者康帕内拉

场景：一所中世纪城堡的阴暗牢狱

康帕内拉靠着墙根坐着，腿上搁着小木板，艰难地在纸上写着什么。门口，他年迈的父亲在望风。突然狱吏走过来了，康帕内拉闭上眼睛装着闭目养神。待狱吏走过，他又振作精神开始写起来。

等到明月高悬的深夜，窗外悄悄挂下一根绳子来，康帕内拉的父亲飞速地将儿子白天写好的手稿缚在绳子上，绳子又慢慢上升了……就这样，日复一日，月复一月，康帕内拉在父亲和每夜按时用绳子来取稿的修女的帮助下，终于完成了他要写的全部书稿。1623 年，书出版了，这就是人类思想史上最早的空想共产主义著作之一的《太阳城》。

这似乎是令人难以置信的。为什么一个置身于中世纪终年不见阳光的黑暗牢狱里的囚徒，甘愿冒着杀头的危险，去潜心建筑那在充斥着迷信和无知的时代里根本无法实现的光明的“太阳城”呢？这，就是理想的力量。

理想是一种崇高的信念。这种信念一经确立，就可以转化成为无坚不摧的精神力量，激励人们自觉地坚定地去追求既定的目标，不怕艰难困苦，甚至在必要的时候不惜献出自己的宝贵生命。辛亥革命时期的巾帼英雄秋瑾认为：“人生处世，应为匡救时局的艰危，以实现自己的抱负，怎么能为柴米油盐等家务琐事了此一生呢？”她壮志凌云，豪气万丈，为此奋斗不息，直至面对敌人的屠刀，正气凛然，慷慨就义。与秋瑾同时代的革命英雄林觉民，自小以“为天下人谋幸福”为信念，因此决意离别娇妻、幼子、老父，抛弃舒适优裕的家庭生活，为革命四处奔走。参加广州起义前，他明知起义必败，自己必死，但义无反顾，一往直前，在写给妻子的绝命书中，慷慨陈词："吾今死无余憾，国事成不成自有同志者在"，革命豪情跃然纸上，毫无悲观失望之态。

对无产阶级来说，伟大的共产主义理想，更是如同光芒万丈的灯塔，照耀着革命者前进的航程，激励他们前仆后继，英勇奋斗。"砍头不要紧，只要主义真，杀了我一个，还有后来人"，这是夏明翰的壮丽诗篇。"带镣长街行，志气愈轩昂，拚作阶下囚，工农齐解放"，这是刘伯坚的铿锵声音。"为着阶级和民族的解放，为着党的事业成功……不怕饥饿，不怕寒冷，不怕危险，不怕困难。屈辱，痛苦，一切难以忍受的生活，我都能忍受下去！"这是方志敏的战斗誓言。今天，共产主义的远大理想，又是推动我国人民在四化建设中改天换地的巨大力量。"力量从理想来"。有理想在指引，我们就会有永不熄灭的热情，永不衰退的斗志，因而也就会有永远艰苦奋斗的动力。

同学们，事业在召唤，理想在闪光，快快筑起心中的"太阳城"！

女主持人：崇高的行动总是来自于崇高的理想；伟大的毅力也只为伟大的目标而生。

男主持人：亲爱的同学们，生命的征程，要我们扬起理想的风帆；辉煌的事业，要我们敲起奋进的鼓点。

女主持人：如果你是一朵芳香的鲜花，那就簇拥到姹紫嫣红的百花园；如果你是一颗小小的螺丝钉，那就随着时代的车轮飞转！

主持人合：让我们共同寻找人生最闪亮的“支点”，共同创造辉煌灿烂的明天！

班会形式新颖，环节流畅，衔接紧凑，能够激发学生们的积极性，对学生的教育意义深刻。在班会的进行中，发现讨论时主持人掌握会场气氛不好，因此主持人要在以后的主持中，既要热烈，也要不失分寸。